चौपाल के चाले

चौपाल के चाले

शमीम शर्मा

वाणी प्रकाशन

वाणी प्रकाशन
ज्ञान के विविध आयामों के प्रकाशक

वाणी प्रकाशन का 'लोगो' विख्यात चित्रकार मक़बूल फ़िदा हुसेन की कूची से

वाणी प्रकाशन, 4695, 21-ए, दरियागंज, नयी दिल्ली-110002
वाणी प्रकाशन, अशोक राजपथ (पटना कॉलेज के सामने), पटना (बिहार)

CHAUPAL KE CHALE
by Shamim Sharma

Satire

ISBN : 978-81-8143-883-6

संस्करण : 2008
आवृत्ति : 2010
मूल्य : 125/-
वाणी प्रकाशन

फोन : 0091#11#23273167, 23275710
फैक्स : 0091#11#23275710
वेबसाइट : www.vaniprakashan.in
ई-मेल : vaniprakashan@gmail.com
vani_prakashan@yahoo.com

मेहरा ऑफसेट प्रेस द्वारा दिल्ली-110002 में मुद्रित

मां को
जो उन हालातों में भी हंसी
जब आंसू थामना मुश्किल होता था
और
बेटे
अज़ीज़ को
जिसकी हंसी से
घर–आंगन
हर पल गूंजता रहता है.

एक खास बात

मेरी समझ में एक बात नहीं आती कि हंसी–मज़ाक को हल्का क्यूं माना जाता है. यूं तो सब कहते हैं कि हल्का मन रखना चाहिए पर जो हंसी–ठट्ठे हमें हल्का रखते हैं, उन्हें हम हल्का ही समझते हैं. जिस साहित्य को पढ़कर मन आंदोलित–उद्वेलित अथवा रोमांचित होता है, मैं उसकी निंदा नहीं कर रही हूं पर मेरी टीस यह है कि हंसी–मखौल को सम्मान की निगाह से नहीं देखा जाता. हम उस व्यक्ति की सराहना ज़रूर करते हैं जो हंसमुख है पर हंसी–मज़ाक को हम मज़ाक ही समझते हैं. हास्य का हर हाल में सम्मान होना चाहिए बशर्ते कि वह द्विअर्थी और कटाक्षभरा ना हो और एक शर्त यह भी कि मर्यादा की चौखट को न लांघता हो. यकीनन हंसी–मज़ाक कोई हंसी–मज़ाक नहीं है बल्कि हंसी तो पूर्ण दर्शन है. जीवन जीने का दर्शन. जिसने हंसना ही नहीं सीखा, उसने सीखा ही क्या? हर हाल में हंसनेवाला तो किसी योद्धा से कम नहीं है. हंसकर हार को पचाया जा सकता है, हंसकर असफलता को भुलाया जा सकता है, हंसकर दोस्ती को ज़िंदा रखा जा सकता है. हंसकर मैत्री को जन्म दिया जा सकता है. अफसोस कि हम अपने बच्चों को गंभीर होने के सैंकड़ों पाठ पढ़ाते हैं पर हंसने–हंसाने का कोई अध्याय हमारे स्कूल, कॉलेज या जीवन के पाठ्यक्रम में नहीं है.

हंसी के संदर्भ में एक गौर करने लायक बात यह भी है कि हंसी–मज़ाक में कही बात को दिल से नहीं लगाया जाना चाहिये और न ही अर्थ की जगह अनर्थ निकाला जाना चाहिए. जब खुलकर कह ही दिया जाए कि यह मखौल है तो फिर उस पर गंभीर होने की क्या ज़रूरत है?

हंसी की चर्चा होती है तो पापा याद आते हैं. पापा हर मौके के जोक्स जानते हैं और बात–बात पर सुनाते भी हैं. बचपन से लेकर आज तक मैंने उनके मुख से हज़ारों लतीफे सुने हैं. यहीं से हास्य के प्रति मेरा रूझान बढ़ा. पापा की आदत है कि हंसते कम हैं और ठहाके ज्यादा लगाते हैं. बचपन में मैंने उनकी हंसी की नकल का अभ्यास किया और अब मुझे भी पापा की तरह ही हंसना आता है, मुस्कराना मेरे बस की बात नहीं है. कोई पापा के साथ बैठ जाए या पापा फोन पर किसी से बतियाने लगें तो घर में हंसी का संगीत खुद ब खुद तिरने लगता है. पापा एक मिनट की बातचीत में 40 सैकिंड हंसने–हंसाने का दम रखते हैं. पापा की हंसी में आनंद और संगीत है तो मां की हंसी में मैंने एक बालक की सी निश्छलता पाई है. कुदरत के अनेकानेक आश्चर्यों में से एक यह भी है कि जिस तरह सबकी शक्ल–सूरत, चाल–ढाल, आवाज़ और अंगूठों–अगुंलियों के निशान अलग–अलग हैं, वैसे ही सबकी हंसी का अंदाज़ और आवाज़ भी निश्चित रूप से अलग–अलग है. पापा की

हंसी सुनकर आराम से पता चलता है कि पूरन मुद्‌गल हंस रहे हैं.

हरियाणा के लोक जीवन में हास्य तो खून के साथ ही घुल मिल गया है. वह जन्मघुट्‌टी के साथ ही बच्चे की रगों में दौड़ता है. हाज़िरजवाबी और भोलेपन में कही गई आम बात भी मिठास से भरी होने के कारण गुदगुदाती है. आपस की फब्तियां और बात–बात में किस्सों की परम्परा यहां की जीवन शैली में हास–परिहास को जन्म देती है. मैंने ऐसे ही सैंकड़ों किस्से यहां संकलित किये हैं. ये वे किस्से हैं जो मैंने सुने–पढ़े हैं या देखे हैं या भोगे हैं या किसी ने मुझे भेजे हैं या मैंने जीये हैं. नत्थू और रामप्यारी हर गांव और हर घर में हैं. जो वे कह रहे हैं वही घर–घर में कहा जा रहा है. उनके कहने में सरलता और सहजता है. हंसी उनकी बातों और तेवर में है. ये हंसी–ठट्ठे रचे हुए या कल्पित नहीं हैं, घटे हुए हैं, फिर भी इन्हें सिर्फ घटना नहीं कहा जा सकता. ये हंसी–ठट्ठे उगे हुए हैं, इनमें घर–आंगन की मिट्‌टी की महक है और हंसी इनके कण–कण से झर रही है. मेरा दावा है कि हर मखौल में एक झनझनाहट है और नवनीनता भी.

हरियाणवी बोली भी कई तरह की है. रोहतक और सोनीपत के आसपास की बोली को बांगरू के नाम से जाना जाता है. हरियाणवी बोली के एक रूप को मेवाती के नाम से जाना जाता है जो गुड़गांवा, रिवाड़ी, बावल, पटौदी, नूंह, फिरोज़पुर झिरका और झज्जर आदि स्थानों में बोली जाती है. एक हरियाणवी बोली वह है जिसे हीरवाट्टी कहा जाता है और यह बोली महेंद्रगढ़, कोसली, नारनौल, दादरी, बहरोड़ आदि क्षेत्रों में बोली जाती है. सिरसा एवं हिसार जिलों में बोली जाने वाली हरियाणवी को राजस्थान का प्रभाव होने के कारण बागड़ी कहा जाता है. वैसे भी बोलियों का रूप स्थिर नहीं होता. मैंने सरल से सरल हरियाणवी का प्रयोग किया है ताकि गैर हरियाणवी लोग भी आसानी से समझ लें. आप चाहें तो इसे आधुनिक हरियाणवी भी कह सकते हैं. हरियाणवी बोली के इस प्रयोग का मेरा मकसद सिर्फ इतना है कि आप इस लोकभाषा की सहजता और मिठास का आनंद ले सकें.

शमीम शर्मा

शुक्रिया

कोई भी पुस्तक अकेले लिखी तो जा सकती है पर प्रकाशित नहीं की जा सकती. प्रकाशन होने से पहले किताब को कई हाथों से गुज़रना होता है. उन सभी हाथों के प्रति दिल से शुक्रिया अर्पित करती हूं जिनके कारण यह कृति संभव हो सकी.

हंसी की एक ख़ासियत है कि जिस बात पर आप ठहाके लगाते हैं, आप औरों को वही बात सुनाना चाहते हैं और सुनाकर ही आपको राहत मिलती है और पेट के बल मिटते हैं. मैंने ये किस्से कई–कई बार कइयों को सुनाए हैं, जिन्होंने इन्हें रूचिपूर्वक सुना, मैं उन सबकी आभारी हूं. कई बार किसी–किसी लतीफे को याद करके अकेले में जब हंसते–हंसते मेरे पेट में बल पड़ने लगते तो फोन पर अपनी छोटी बहन सीमा, चाची डेज़ी और उनकी बिटिया सविता को वे लतीफे सुनाकर आत्मिक तृप्ति मिलती.

मेरी अंतरंग मित्र कुलराज जी और भाई रमन मोहन जी के प्रति शुक्रगुज़ार हूं जिनकी सही सलाह से मेरा काम सदा सरल और सटीक हो जाता है.

श्री विनोद गोयल और श्री शशिकान्त शर्मा ने इस पुस्तक की सामग्री के संयोजन में प्रचुर सहयोग दिया है. उनके प्रति मन से आभारी हूं. श्री राजबीर ने हमेशा आड़े वक्त में सहयोग किया है. जब यह कृति बनकर पूरी तरह तैयार हो गई थी तो अचानक कम्पयूटर की तकनीकी खराबी के कारण सारे पृष्ठों की सामग्री उड़ गई थी. तब एक बार तो मेरे होश भी उड़ गए थे. राजबीर ने घंटों श्रम करके किसी तरह इस फाईल को सुरक्षित कर मुझे नई सांस दी थी. मैं राजबीर के सहयोग–भाव के प्रति कृतज्ञ हूं.

पुस्तक के आवरण पृष्ठ की रंगत प्रसिद्ध कार्टूनिस्ट श्री मनोज छाबड़ा की है. मैंने जब भी उन्हें आवरण पृष्ठ बनाने के लिये कहा है तो उन्होंने हमेशा एक ही सवाल किया है– कितने दिन में बनाना है? ना–नुकर करना उन्हें नहीं आता. मैं मन से आभारी और आह्लादित हूं कि मेरी किताब का आवरण एक उभरते हुए कलाकार का है जो मेरा विद्यार्थी भी रहा है. भीतर के पन्नों पर विविध किस्सों से संबंधित कार्टून भी श्री मनोज छाबड़ा ने बनाए हैं. मुझे तो उम्मीद भी नहीं थी कि इतने सारे कार्टून वे मेरे अनुरोध पर इतनी जल्दी बना देंगे पर उनकी हां ने मुझे पुलकित भी किया और चकित भी. धन्यवाद शब्द उनके अपनत्व को चित्रित कर ही नहीं सकता. मैं समझती हूं कि मनोज छाबड़ा की तूलिका ने मेरे मन को भी रंग दिया है.

वाणी प्रकाशन के स्वामी श्री अरुण माहेश्वरी ने हरियाणवी हास्य के मर्म को समझा है. इतने गंभीर साहित्य का प्रकाशन करने वाले अरुण इस बात को अच्छी तरह जानते हैं कि हरियाणवी हास्य में दम है और यह आपको किसी और लोक में ले जाता है जहां सिर्फ हंसी ही हंसी है. उन्होंने मेरी कृति को प्रकाशित कर मुझे और

अधिक हास्य लिखने को प्रेरित किया है. आभार.

सबसे ज़्यादा आभार उन लोगों के प्रति है जो हमेशा यह कहते रहे हैं कि हरियाणवी हास्य तो फूहड़ता का नाम है. दरअसल हरियाणवी उस प्राणी का नाम है जो किसी के साथ भी बैठकर हंसीठट्ठे कर सकता है और दूसरों को अपने ऊपर हंसने की पूरी आज़ादी देता है. वह दूसरों की टिप्पणियों पर चिढ़ता–झुंझलाता नहीं है बल्कि उनमें रस ढूंढ लेता है. मेरी दृढ़ मान्यता है कि हरियाणवी संस्कृति और हास्य को बेशऊर नहीं कहा जा सकता. और फिर हास्य में बुद्धिमत्ता ढूंढना भी अपने आप में फूहड़पन है. हंसी तो हंसी है और हंसा सिर्फ दिल से जाता है, उसमें दिमाग की भागीदारी होते ही हंसी गुल हो जाती है और तर्क शुरू हो जाता है. हास्य में बौद्धिकता तो नहीं हो सकती, हां हाज़िरजवाबी, कटाक्ष और तीक्ष्णता अवश्य रहती है. वह आपको इस पुस्तक के प्रत्येक मखौल में मिलेगी. हरियाणवी हास्य के अधिकाधिक संकलन निकालने की मेरी प्रतिबद्धता में हरियाणवी हास्य की निश्छलता पर संदेह करने वाले लोगों का बहुत बड़ा हाथ है ताकि मैं सिद्ध कर सकूं कि हरियाणवी हास्य मन को सादगी से गुदगुदाने वाला सहज एवं जीवन्त हास्य है जिसमें यहां की संस्कृति,और पारिवारिक एवं सामाजिक परिवेश की झांकी पाई जा सकती है.

अपने जीवनसाथी श्री भारत भूषण प्रधान के प्रति दिल से शुक्रिया कहना चाहती हूं जो मुझे हमेशा कुछ ना कुछ नया रचने की प्रेरणा देते रहते हैं.
हमेशा हंसते रहने की शुभकामनाओं सहित,

शमीम शर्मा

फोन वार्ता

नत्थू– और ए रामप्यारी के हाल है? तैं किसी बात का तगाज्जा मत कर्‌या कर.

रामप्यारी– हाल नैं के मेरै मलेरिया हो रह्‌या है? काम की बात कर ले मेरी इनकमिंग ठुकण लाग री है.

नत्थू– के बोल्लूं तेरे प्यार मैं जान लिकड़ण नैं हो री है.

रामप्यारी– हम्बै किते नां तेरै गोली लाग री.

नत्थू– न्यूं मत कहै नीं तो मैं सैड़ दे सी फोन बंद कर द्‌यूंगा.

रामप्यारी– फोन बंद करण की धमकी देता हो तो चाहे सौ बर कर दे. ऊंह कुण सा दूध का धुला है तूं?

नत्थू– ये तीर से नां मारै, मेरी कती सान्नी हो ज्यैगी.

रामप्यारी– चोखा डांगर खा लेंगे.

नत्थू– आच्छा न्यूं बता काल सबेरे पार्क मैं आवैगी के?

रामप्यारी– के करांगे पार्क मैं?

नत्थू– बैठांगे और के गोस्से थाप्पांगे?

रामप्यारी– बैट्ठण नैं के तैं ब्यावली भैंस है?

नत्थू– मजाक छोड़ अर बोलबाल्ली आ जाइये.

रामप्यारी– अर नीं आऊं तो?

नत्थू– इसी बात करकै तैं मेरे दिल मैं खड्‌डे नां करै, मैं मर ज्यांगा.

रामप्यारी– मरण की धमकी देण की जरूरत नीं है. आच्छा न्यूं बता के खुवावैगा?

नत्थू– ए तैं एक बर आज्या, फेर चाहे मेरै बुड़के मार लिये.

रामप्यारी– जा नां बावली तरेड़! मैं के माणसखाणी हूं.

नत्थू– हाय रे! तेरा यो अंदाज तो मन्नैं खा ग्या. बस तैं एक बर आज्या, तेरी बाट मैं मेरी आंख सूजकै पकोड़े बरगी हो री हैं.

रामप्यारी– के महालमाक्खी के छत्ते गैल छेड़ कर रह्‌या था?

नत्थू– ए तैं हर बात नैं मजाक मैं मत लिया कर, कदे सीरियसली भी बात कर लिया कर.

रामप्यारी– सीरियस नैं बता के तैं आईसीयू मैं भर्ती होकै आया है?

नत्थू– तेरे तैं फोन पै बात करणा तो अपणे पीसे का नास करणा है, कदे ढंग सिर बात नीं करैगी. ठीक सै बस, तैं काल पार्क मैं दस बजे पहोंच जाइये. ईब मैं काटूं सूं इस फोन नैं.

रामप्यारी– तन्नैं तो यो फोन भी सान्नी समझ राख्या है जो काटण की बात करै है.

पार्क में मुलाकात

नत्थू बोल्या– हाय रे! यो चांद कित तैं लिकड़्या?

रामप्यारी– घणी मलाई मत चटवावै, सीधी ढाल बात कर ले.

नत्थू– पहल्ले तो न्यूं बता इतणी देर तैं क्यां तैं आई है?

रामप्यारी– के होग्या फेर, तेरी के गाड़डी निकड़ै थी?

नत्थू– एक बर जी भरकै देख तो लेण दे, मेरे कालजे मैं थोड़ी ठंडक पड़ ज्यैगी.

रामप्यारी– घणे चिलत्तर नां करै, इतणा जाड्डा पड़ रह्या है, दांत किटकिट बाज रे हैं अर तन्नैं ठंडक चहिय?

नत्थू– के बात आज तो सूट बड़ा जुल्मी गाड़ राख्या है?

रामप्यारी– कहवै तो न्यूं है जणूं सिमवाकै दिया हो? कदे दो रुपिये की गनेरी तक तो खुवाई नीं.

गनेरी की रेहड़ीआले तैं आवाज देकै नत्थू बोल्या– दो रुपियां की गनेरी तोल दे.

रामप्यारी– बस दो की?

नत्थू– ओ भाई! ढाई की कर दे. किसी भी कीमत पै या नीं रुसाई जावैगी.

रामप्यारी– छोरे तो आजकाल नूडल, बर्गर अर पीजा खुवावैं हैं अर तैं गनेरी चुसावैगा? न्यूं दीखै तेरा तो कती दिवालिया लिकड़ रह्या है?

नत्थू– नां लिकड़ रह्या हो तो तैं काढ़ दिये.

रामप्यारी– मैं तो चाल्ली, तेरे तैं तो बात करणा भी भिरड़ां के छत्ते मैं हाथ देणा है. इब्बे तैं ए अपणी–अपणी राह हो ल्यां, इसे मैं भलाई है.

नत्थू की सेहत

एक बर की बात है अक नत्थू किमें घणा ए दूबला होता जा रह्या था. उसकी मां उसनैं चूरमा अर गूंद खुवा–खुवाकै थक ली थी पर नत्थू की गात पै ईंच भर भी फर्क नहीं पड़्या था. अर सारे दिन लोग उसपै तान्ने मार्‌या करते. नत्थू कती तंग हो लिया था. एक दिन सुरजा बोल्या– रै! तैं क्यां तैं कती मरण नैं हो रह्या है? नत्थू भी या बात सुण–सुणकै पहले ही घिस लिया था, छोह मैं बोल्या– रै उनतैं तो फेर भी चोखा हूं जो कती मर ए लिये.

विचित्र तरकीब

एक बर की बात है अक सुरजे नैं पड़ोस के गांम तैं एक हट्टी–कट्टी भैंस खरीद ली. खरीदे पाच्छै घरां आते टैम रास्ते मैं रात होगी तो वो सोच मैं पड़ ग्या अक ईब के करणा चहिय. उसनैं राह चालते नत्थू तैं रोक कै पूच्छी– भाई! कोय इसी जगहां बता दे जित मैं रात काट ल्यूं अर भैंस का भी पेट भर ज्यै. नत्थू मसखरी करते होये बोल्या– न्यूं कर तैं इस भैंस के पेट मैं बड़ ज्या.

फैमिली प्लानिंग

एक बर की बात है अक फैमिली प्लानिंग आले गांम के आदमियां तैं पकड़–पकड़ जबरदस्ती नसबंदी कर्‌या करते. एक दिन डाक्टरां की टीम के हत्थे नत्थू भी चढ़ ग्या अर उसका अप्रेशन कर मार्‌या. अप्रेशन के थोड़े दिनां बाद दूसरी टीम आगी अर नत्थू फेर पकड़ लिया. नत्थू छोह मैं बोल्या– रै! इब थम के करोगे मेरा, थोड़ी हाण पहल्यां तो कनैक्शन काटकै गए थे ईब तो बस यो मीटर–मीटर रह रह्या है, इसनैं भी ले जाते हो तो ले ज्यो.

नत्थू का जवाब

एक बर की बात है अक नत्थू मरे पाच्छै धर्मराज धोरै पहोंच ग्या. जद धर्मराज के दफ्तर मैं पेश होया तो धर्मराज उसके बहीखाते खोलकै बैठग्या अर बूज्झण लाग्या– न्यूं बताओ अक दारू पीण अर पियाण के इलावा थमणैं जिंदगी मैं कदे किसी की कोय मदद करी हो? नत्थू बोल्या– हां जी, एक बर किसे पराये के चक्कर मैं पड़्या था. वो म्हारे गांम का एक सेठ था अर एक दिन उसतैं राह मैं कुछ लुटेरे लूटैं थे. मेरे पै डंट्या नीं गया अर मैं लुटेरां गैल उलझ ग्या. वे तो कई थे अर मैं था एकला. धर्मराज बोल्या– फेर के होया? नत्थू बोल्या– जी होणा तो के था, वो सेठ तो धोत्ती ठाए भाज लिया अर उन लुटेरां नैं मेरै चाक्कू घोंप दिया. धर्मराज बोल्या– या कद की बात है? नत्थू बोल्या– जी टैम का तो बेरा नीं पर तेरे ये आदमी मन्नैं सीधा उड़े तैं ए ठाकै ल्याये हैं.

सरकार का अर्थ

एक बर की बात है अक सर्दियां के दिन थे अर नत्थू अपणे दाद्दे धोरै चाद्दर की बुक्कल मारे बैठ्या आग सेंकै था. आज वो स्कूल मैं सरकार का पाठ पढ़कै आ रह्या था पर मास्टर जी के समझाण तैं उसनैं मास्सा नीं बेरा पाट्या अक या सरकार के बला है तो अचानक नत्थू बोल्या– दाद्दा या सरकार के होवै है? दाद्दा उसतैं समझाते होये बोल्या– बेट्टा! या फौज, पुलिस, जज, वकील अर अफसर सारे सरकार ए हैं. नत्थू बोल्या– अर मेरा फूफ्फा जो चंडीगढ़ पुलिस मैं है, वो भी सरकार है के? दाद्दा बोल्या– और नीं तो के वो भी सरकार है. नत्थू बोल्या– पर दाद्दा फूफ्फे कै तो कसूत्ती खाज हो री है. दाद्दा बोल्या– किमें बात नीं बेट्टा, इब तो अपणी सरकार भी इसी ए खाजली रह री हैं.

जवाब पता ही था

एक बर की बात है अक नत्थू था तो गरीब माणस पर उसकी जान पहचान एक करोड़पति छोरी तैं हो री थी. एक दिन वो उस करोड़पति छोरी तैं बोल्या– आं ए तूं कितणीक अमीर है? छोरी बोल्ली– मैं मेरे बाब्बू की एकली छोरी हूं अर मेरे बाब्बू धोरै घणे नीं तो पचास करोड़ रूपिये तो पक्के हैं. नत्थू बोल्या– तो के तैं मेरे गैल ब्याह कर लेगी? छोरी तुनककै बोल्ली– किसी भी कीमत पै नीं. नत्थू बोल्या– मन्नैं बेरा था अक तन्नैं यो ए जवाब देणा है. छोरी बोल्ली– फेर तन्नैं मेरे तैं पूच्छण की जरूरत के थी? नत्थू आह सी भरते होये बोल्या– मैं न्यूं देखणा चाहूं था अक पचास करोड़ रूपियां नैं खोकै आदमी किस तरियां जीवैगा.

दारू का ढंग

एक बर की बात है अक नत्थू मंडी मैं गेहूं बेचकै आया था अर उसकी गोज मैं पीसे आगे थे, वे रड़कैं थे. इतणे मैं उसनैं देख्या अक उसके सामीं देस्सी दारू का ठेक्का था. वो खिड़की पै गया अर बोल्या– जगाधरी नम्बर वन दे दे. फेर बोत्तल का ढक्कण खोलकै रेहड़ीआले तैं बोल्या– ल्या भाई पांच के चणे दे दे. खड़्या–खड़्या बोत्तल नैं कर गया गट–गट अर गैल ए चणे चाब ग्या. फेर चाल पड़्या आग्गै नैं झूमता होया. चालते–चालते उसकी टक्कर एक सेठ तैं होगी तो बोल्या– रै सेठ! होश मैं तो है? सेठ बोल्या– चौधरी साब! गलती होगी. नत्थू बोल्या– सुण ले ध्यान तैं, देखकै चल्या कर अर नीं तेरा थोबड़ा कर द्यूंगा ठीक. अर फेर आग्गै नैं होया तो उसकी सुरजे तैं टक्कर होगी. सुरजे नैं ठाया हाथ अर बोल्या– कर दूं तेरा काम? नत्थू हाथ जोड़कै बोल्या– भाई गलती होगी, माफ कर दे. वो सेठ भी या हरकत देखै था. वो नत्थू का मोड्डा पकड़कै बोल्या– आं रै चौधरी! दो ढाल की पी राखी है के? मेरै कानीं तो थप्पड़ दिखावै था अर सुरजे कानीं हाथ जोड़ै है.

काटड़ा बाबू

एक बर की बात है अक नत्थू नैं काटड़े बेच्चण का काम शुरू कर दिया तो वो गांम–गांम हांडण लाग्या. ढूंढ–ढूंढ कै तगड़े–तगड़े काटड़े खरीदता अर बेचता. एक बर उसनैं भाव–ताव करकै किसी गांम मैं एक बुढ़िया पै दो सौ रुपियां का काटड़ा खरीद लिया. काटड़े की सांकल पकड़कै चाल्लण लाग्या तो बुढ़िया बोल्ली– भाई! इसनैं कटवाओगे के? नत्थू बोल्या– नां ताई इसतैं कटवाते कोनीं, इसनैं तो किसी महकमे मैं बाबू जी बणवावांगे अर यो मेज पै कांच के गिलास मैं पाणी पीया करैगा. बुढ़िया राज्जी होगी अर बोल्ली– फेर तो भाई काटड़े के कर्म ही खुल ज्यांगे, ले फेर तो दस रुपिये और ले ज्या.

नत्थू की बोतल

एक बर की बात है अक दारू पी–पी कै नत्थू का कती नास होग्या था. उसकी घरआली उसतैं छोड़कै चली गई थी अर छोरे भी अलग होगे थे. खेत्ती भी खतम होगी थी. एक दिन नत्थू बैठा सोच्चण लाग रह्या था अक इब के होगा? अचानक उसनैं खाट तलै पड़ी कई सारी बोतलां दिखगी अर नत्थू नैं छोह मैं ठाकै एक बोत्तल भीत मैं देकै मारी अर बोल्या– रांड! वा तूं ए थी वा जिसनैं मेरी घरआली मेरे तैं अलग कर दी. दूसरी खाली बोत्तल ठाकै बोल्या– कर्मजली! तन्नैं मेरे छोरे अलग कर दिये अर वा बोत्तल भी भीत मैं दे मारी. फेर तीसरी बोत्तल ठायी अर बोल्या– निपूत्ती! तन्नैं मेरी खेत्ती खतम कर दी अर वा भी कांध मैं दे मारी. फेर नत्थू के हाथ मैं एक भरी होई बोत्तल आगी अर उसतैं देखकै बोल्या– ए इसमैं तेरा कोय कसूर नीं है अर ठाकै चौबारे मैं लेग्या.

बिल्लियां के बिस्कुट

एक बर की बात है अक इनकम टैक्स आल्यां नैं नत्थू की बेकरी की दुकान पै छाप्पा मार्‌या. जांच पड़ताल करकै वे एक रजिस्टर चैक करण लाग्गे तो एक पन्ने पै लिख राख्या था— दस हजार रुपियां के बिस्कुट अर केक बिल्लियां तैं खुवाये. एक अफसर बोल्या— के तेरी बिल्ली एक महीने मैं इतणे बिस्कुट अर केक खा ले है? नत्थू हाथ जोड़कै बोल्या— जी बिल्लियां की जगहां आपका नाम तो लिख नीं सकूं था.

रांडे की मुक्ति

एक बर की बात है अक नत्थू की बीरबान्नी मरे पाच्छै वो किमें घणा कसूत्ता रांडा पाक लिया था. होली आले दिन अपणे घर के छज्जे पै खड़्या होग्या अर लोगां नैं पिटते देख घणी भूंडी ढाल ताली बजावै था. कई लुगाइयां नैं सलाह मिलाई अर चारूं ओड़ तैं उसपै झूमगी अर रांडा मार—मार कोरड़े लिटा लिया. जिब बेचारा नत्थू कती फोड़ गेर्‌या तो आसपास के बड़े—बुड्ढे बोल्ले— मसटंडियो! ईब रहण द्यो, यो थारे सिर होकै मर ज्यैगा. इतणी सुणकै रांडे नैं तगड़ा रुक्का मार्‌या— अरै आज मन्नैं मर जाण द्यो, मेरी मुक्ति इनके हाथ होणी है नीं तो आगले जनम मैं भी बेरंग रहूंगा.

नींबू निचोड़

एक बर की बात है अक नत्थू एक ढाबे पै बैठ्या था. उसनैं एक गिलास अर एक नींबू मंगवाया. नींबू निचोड़ा अर उसका कती कस काढ़ दिया. एक तिहाई गिलास रस तैं भर ग्या. उड़ै बैठ्या ताऊ यो नजारा देखकै दंग रह ग्या. ताऊ नैं भी एक नींबू अर गिलास मंगाया. निचोड़ा तो एक चम्मच तैं घणा रस नीं लिकड़्या. फेर उसनैं सामनैं बैठे नत्थू तैं बूज्झी— आं रै! तैं के कर्‌या करै जो एक नींबू का इतणा रस काढ़ दिया. वो बोल्या— ताऊ! मैं तो इनकम टैक्स महकमे मैं काम करूं हूं अर रस नीं कस काढणा जाणूं हूं.

बाप का बेरा

एक बर की बात है अक सुरजा किसी महकमे मैं अफसर लाग ग्या. वो एक मंत्री का छोरा था अर उसका बाब्बू घणा ए तगड़ा आदमी था. सुरजे की आदत पक री थी अक वो बात—बात मैं अपणे बाप के नाम का रौब मार्‌या करता. सारे उसकी इस आदत तैं कायल हो लिये थे पर कोय भी चुस्क्या नीं करता. एक दिन उसका पी.ए. नत्थू उसका कह्या नीं मान रह्या था. सुरजे नैं अपणे पी.ए. नत्थू पै कसूत्ता गुस्सा आग्या अर बोल्या— तन्नैं बेरा है के मेरा बाब्बू कुण है? नत्थू बोल्या— सर! मन्नैं तो न्यूं लाग्गै अक पूरे महकमे मैं आप इसे आदमी हो जो अपणे बाप के बारे मैं दूसरां तैं बूज्झै है.

एंडी किस्मत

एक बर की बात है अक नत्थू साईकल चलाता होया किसी धुन मैं जा रह्या था. रामजी की इसी करणी होयी अक एक टाब्बर उसकी साईकल कै टकरा ग्या. पड़ते ही बालक का तो मुंह–मात्था फूट ग्या. नत्थू नैं तड़ दे सी उस टाब्बर तैं ठाया, उसके कपड़ां पै तैं मिट्टी झाड़ी अर फेर समझाते होये बोल्या– जा बेट्टा! जा घरां जाकै मिठाई खा अर प्रसाद बांट. तेरी किस्मत भोत बढ़िया है. पहले तो उस छोरे नैं नत्थू तैं ऊप्पर तैं तलै तक छोह मैं देख्या अर फेर बोल्या– एक तो मेरे हाड़–गोड्डे ठोंक दिये अर ऊप्पर तैं कहवै है अक मेरी किस्मत बढ़िया है, मिठाई खा, इसमैं मिठाई खाण की के बात है? नत्थू बोल्या– भाई! तेरी किस्मत एंडी है, मैं तो रोज ट्रक चलाया करूं, आज छुट्टी थी इस मारी साईकल ले रह्या था.

डबल डाक्टर

एक बर की बात है अक नत्थू नैं ले—दे कै आरएमपी की सर्टीफिकेट ले लिया अर एक गांम मैं कैपसूल—गोलियां के पत्ते अर दुवाई की दो—चार शीशियां धरकै दुकान खोलकै बैठ ग्या. डाक्टर के था टू इन वन था. गांम मैं आदमी बीमार हो अर चाहे डांगर, वो डाक्टर दोनुआं का इलाज अपणी गोली अर टिक्के तैं कर दिया करता. एक दिन उसकी दुकान पै सांझ के टैम सुरजा आकै बैठ ग्या तो नत्थू डाक्टर बोल्या— के ग्यान भाई सुरजा? आज तो तैं किमें ढिल्ला सा लाग्गै है? सुरजा बोल्या— के बताऊं दो दिनां तैं बुखार आ रह्या है अर न्यूं लाग्गै जणूं काया का कस लिकड़ ग्या हो. नत्थू बोल्या— जा मेरे यार तैं काल ए आ जाता, क्यां की बाट देखै था? अर देख इब मैं तेरै एक सुआ लगाऊंगा अर बुखार तो मिनट मैं तोड़ द्यूंगा. इतणा कहैकै उसनैं सुरजे तैं लिटाकै बक्से मैं तैं एक सुआ काढ्या अर सुरजे के कूल्हे पै घोप दिया. पर गलती तैं डांगरां आला सुआ ठोक दिया. तीन—चार दिनां बाद सुरजा दुकान पै फेर आ बैठ्या तो नत्थू बोल्या— आं रै! इब तो ठीक सै नैं, बुखार तो टूट लिया होगा? सुरजा बोल्या— डाक्टर साब! बुखार तो टूट लिया पर कदे—कदे बरसम खाण नैं जी करै है.

चौधरी की पिछाण

एक बर की बात है अक खाट पै बैठे नत्थू अर सुरजा बतियावैं थे. नत्थू बोल्या– न्यूं बता भाई सुरजा! थम राजपूत क्यूंकर हो? सुरजा अपणी मूंछ पै हाथ फेरते होये बोल्या– भाई! इसका कारण है अक हम बात–बात पै अपणी जान दे देवां हां. ईब सुरजा बोल्या– अर भाई थम हरियाणे मैं चौधरी क्यूंकर कुहाओ? नत्थू भी अपणी छात्ती चौड़ी करते होये बोल्या– भाई! हम चौधरी इस मारी हां क्यूंक हम बिणा बात के भी जान दे सकां हां.

सरकार तोड़

एक बर की बात है अक सुरजा अपणी छोरी खात्तर छोरा देखण किसे गांम मैं नत्थू के घर गया. नत्थू के पूरे छः छोरे थे. सबतैं छोटे का इब ब्याहण का नंबर था. सारी खोल–बांध तय होगी. चा–पाणी पी लिया तो बातचीत खत्म करकै सुरजा बोल्या– चौधरी साब! छोरे का नाम तो बता द्यो. नत्थू बोल्या– भाई छोरे का नाम है– सरकार तोड़. सुरजे कै किमें शक सा होया तो खुलकै बूझ ए लिया अक यो के नाम होया, हमनैं तो आज तक नीं सुण्या? नत्थू बोल्या– जी! बात या है अक इसकी मां नैं फैमिली प्लानिंग का अपरेशन करवा लिया था अर यो छोरा उसके बाद भी टपक पड़्या था, इस मारी इसका नाम सरकार तोड़ है.

रामलीला का रोला

एक बर की बात है अक गांम मैं रामलीला होणी थी अर ऐन सीताजी के ब्याह आले दिन राम–लक्ष्मण बीमार पड़गे. इब रामलीला आल्यां नैं सोच्ची नये राम–लक्ष्मण कित तैं ल्यावां? फेर उन्हांनैं नत्थू अर सुरजे पै भरोसा करकै उनतैं राम अर लक्ष्मण का रोल दे दिया. इब शिवजी के धनुष आला सीन स्टेज पै होणा था. नत्थू अर सुरजा राम–लक्ष्मण बणकै बैठगे. परशुराम आया अर फरसा हिला–हिला कै बोल्या– अरै मूरख जनक! जल्दी बतला ये धनुवा किसने तोड़ा है? लक्ष्मण राम के कान मैं बोल्या– भाई यो मोड्डा न्यूं ए कूद्या करै है या हमनैं देखकै कूदे है? राम धीरे सी बोल्या– बावली तरेड़ चुप होज्या, नीं एक द्यूंगा थोबड़े पै. परशुराम फेर दहाड़ते होये बोल्या– अरै मूरख जनक! जल्दी बतला ये धनुवा किसने तोड़ा है? लक्ष्मण तो कसूत्ते छोह मैं आग्या– रै मोड्डे! हां हमनैं ए तोड़ा है, तेरे के बाप का था जो रुक्का पाड़ण लाग रह्या है? राम के रोल मैं बैठे सुरजे नैं सोच्ची ईब हालत संभालणी पड़ैगी, वो बोल्या– हां साधु महाराज! यो धनुष म्हारै तैं ए टूट्या है, मैं तो इसनैं माड़ा सा मोडूं था, या इसकी जेवड़ी कसूत्ती सख्त हो री थी अर यो सुसरा एक झटके मैं ए टूट ग्या. थम चिंता नां करो मैं अपणी गोज तैं पीसे देकै इसकी मुरम्मत करवा द्यूंगा.

डॉक्टर का अंदाजा

एक बर की बात है अक नत्थू अर सुरजा बैठे आपस मैं बात करैं थे. करते–कराते सुरजे नैं बेसिर पैर की उलटी–सुलटी कहणी शुरु कर दी. सुरजे की बात सुणते–सुणते नत्थू अक लिया था अर उसके सिर की नस फटण नैं होगी तो नत्थू बोल्या– देखिये एक दिन तैं फेर मेरै धोरै आवैगा, बैट्ठैगा, अपणी दुख–सुख की कहवैगा, रोवैगा, चीखैगा. सुरजा बोल्या– क्यूं इसी के बात है? नत्थू बोल्या– हां बात तो इसी ए है. तैं न्यूं ए बावले की ढाल करता रह्या तो पागल हो ज्यैगा अर मैं पागलां का डाक्टर बण ज्यूंगा.

पैंट का ईलाज

एक बर की बात है अक नत्थू का नया–नया ब्याह होया था अर सुसराल जाण खात्तर तैयार होण लाग रह्या था. वो पजाम्मा– कमीज पहरा करता पर अपणे एक साथी की पैंट–कमीज मांग ल्याया. उसनैं पैंट–कमीज पहर तो ली पर उसतैं उठ्या नीं गया अर अपणे बाब्बू तैं रुक्का मारण लाग्या. उसकी हालत देखकै उसका बाब्बू ट्रैक्टर पै बिठाकै सैड़ दे सी डाक्टर धोरै ले ग्या. डाक्टर धोरै ले जाते ही वो एक मिनट मैं ठीक होग्या तो नत्थू का बाब्बू बोल्या– डाक्टर साब! इसकै के बीमारी थी, न्यूं तो बता द्यो. डाक्टर बोल्या– बीमारी कुछ भी नीं थी, इस बावलीबूच नैं पैंट का बटण बुर्सट मैं भिड़ा राख्या था.

जाड़ पाड़ण का रेट

एक बर की बात है अक नत्थू दांतां के डॉक्टर धोरै गया अर बोल्या– आं रै डाक्दर साब! जाड़ पाड़ण के कै पीसे ले है तूं? डाक्टर बोल्या– दो सौ रुपिये. नत्थू बोल्या– नां भाई ये तो भोत घणे हैं, जाड़ पाड़ण मैं के जोर लाग्गैगा? डाक्टर बोल्या– अरै बावलीबूच पीसे जोर लाण के नहीं, दवाई के लाग्गैं हैं. बेहोशी का टीका लगवाये बगैर कढ़वावैगा तो सौ रुपिये लागैंगे. नत्थू बोल्या– नां भई ईब भी घणे हैं. डाक्टर बोल्या– फेर तो जमूर तैं काढ़ द्यूंगा पचास रुपिये दे दिये पर तन्नैं लिखकै देणा पड़ैगा अक जै कोय ऊक चूक होगी तो उसकी जिम्मेदारी तेरी होगी. नत्थू बोल्या– ए रामप्यारी! आज्या पड़वा ले, ल्या भाई डाक्दर कित गूंठा लाणा है बता दे पर अपणी भाभी की जाड़ तगाज्जे तैं पाड़ दे.

बिरला डाक्टर

एक बर की बात है अक नत्थू अपणी नई ब्याही घरआली रामप्यारी के गेल्यां हनीमून मनाण शिमला जावै था. वे दोन्नूं बस मैं सफर करैं थे. सफर लम्बा घणा था अर इस मारी रामप्यारी बस मैं बैठी–बैठी थककै सोगी थी. इतणी हाण मैं बस के ब्रेक लागण तैं रामप्यारी का मात्था आगली सीट पै जा भिड़्या. नत्थू उसी बखत रामप्यारी के माथे पै प्यार तैं हाथ फेरते होये बोल्या– इब तो दर्द कोनीं होगा? रामप्यारी टसकते–टसकते बोल्ली– नां इब तो कोनीं. इतणी हाण मैं ऊप्पर धर्या एक अटैची केस उछलकै रामप्यारी के मोड़्डे पै जा पड़्या. ईब रामप्यारी मोड़्डा पकड़कै टसकते होये बोल्ली– हाय राम! मरगी मैं तो. नत्थू नैं पहल्ले तो उस आदमी तैं भूंडी गाल बकी जिसकी वा अटैची थी अर फेर रामप्यारी के मोड़्डे पै हाथ फेरते होये मालिश सी करते होये कही– इब तो दर्द कोनीं होवै? रामप्यारी बोल्ली– नां इब तो ठीक होग्या. यो सारा नजारा देखकै उनके धोरै आली सीट पै बैठ्या ताऊ सुरजा बोल्या– रै डाक्टर! तेरे धोरै जै गठिया बाव का भी इलाज हो तो मेरे गोड़्यां पै भी माड़ा सा हाथ फेर दे, मैं भी निहाल हो ज्यूंगा.

जाड़ का कीड़ा

एक बर की बात है अक नत्थू की जाड़ मैं कीड़ा लाग ग्या. वो कसूत्ता तंग हो लिया था क्यूंक जो भी खावै जाड़ मैं फंस ज्यै. एक दिन वो दांतां के डाक्टर धोरै जाकै बोल्या— जी! मेरी जाड़ पाड़ द्यो, इसकै तो कीड़ा लाग रह्या है. डाक्टर बोल्या— पाड़ण की जरूरत कोनीं, दूसरे दांत भी हाल्लण का खतरा हो ज्यैगा, मैं खाणपीण मैं बदलाव करकै तेरी जाड़ का कीड़ा बाहर काढ़ द्यूंगा. नत्थू बोल्या— ठीक सै आप मन्नैं परहेज बता द्यो, जै जाड़ काढे बिणा काम चाल ज्यै, फेर तो भोत बढ़िया. डाक्टर बोल्या— न्यूं करिये चार दिन तक दूध अर बिस्कुट खा लिये अर पांचमें दिन सिर्फ दूध पीणा है. नत्थू नैं डाक्टर के कहे मुताबिक चार दिन तक दोन्नूं टैम दूध अर बिस्कुट खाये अर पांचवें दिन सिर्फ दूध पीया तो साच्ची ए कीड़ा बाहर आग्या अर बोल्या— क्यूं रै आज मेरे बिस्कुट कित हैं?

टायलट जाम

एक बर की बात है अक सुरजे डाक्टर का टॉयलट जाम होग्या तो वो अपणी घरआली तैं बोल्या– उस नत्थू पलम्बर के फोन का के नम्बर है? उसकी बहू बोल्ली– इतणी रात नैं उसतैं फोन नां करिये, सवेरै कर लिये. डॉक्टर बोल्या– क्यूं किसी कै रात नैं अमरजैंसी हो तो मैं के जाऊं कोनीं? या बात सुणकै रामप्यारी नैं डायरी मैं तैं नंबर काढ़कै दे दिया तो सुरजे डॉक्टर नैं नत्थू पलम्बर का फोन लगा लिया. पलम्बर नैं उनींदी सी अवाज मैं फोन ठाया अक इस टैम कुण बावलीबूच है. दूसरी ओड़ तैं डॉक्टर की अवाज सुणकै नत्थू एक बर तो घबराया फेर अपणी मजबूरी बताई अक रात नैं किस तरिया आऊं? डॉक्टर नैं वा ए बात फेर कही– क्यूं भाई!! कोई अमरजैंसी हो तो मैं के रात के टैम आया नीं करूं? उसकी बात सुणकै नत्थू खाट मैं तैं उठ्या, पजाम्मा–कुर्ता पहर्या अर अपणा झोला ठाए डाक्टर कै पहोंचकै दरवाज्जा खुड़काया. डाक्टर उसतैं भीत्तर टायलट मैं लेग्या जो जाम हो रह्या था. नत्थू पलम्बर नैं ध्यान लगाकै पहल्ले तो टायलट की नाली अर शीट का मुआयना कर्या अर फेर टायलट की शीट मैं दो–चार गोलियां डालकै बोल्या– इनतैं कुछ फर्क नां पड़ै तो सवेरै दिखाण खात्तर फेर बुला लिये.

असली डाक्टर

एक बर की बात है अक नत्थू आल इंडिया मैडीकल मैं दाखिल होग्या. उसनैं देखण जो भी डाक्टर आया वो कोय तो बंगाली था अर कोय तामिल. कोयसा भी डाक्टर उसकी बोल्ली के मायने समझ नीं सक्या. सांझ नैं कुदरती सुरजा कंपोडर आया अर बोल्या– हां भाई बोल, तेरै के होग्या? नत्थू तो उठकै बैठ ग्या अर बोल्या– अरै मेरे यार! तूं कित खू रह्या था, डाक्टर तो तूं ए है, बाकी तो सुसरे सारे कंपाउडर कट्ठे हो रे हैं.

दही की खरीददारी

एक बर की बात है अक कसूत्ता मींह बरसै था. गलियां मैं गोड्डे–गोड्डे पानी भर ग्या. नत्थू भीजता–भीजता सुरजे हलवाई की दुकान पै दही लेण पहोंच ग्या. बरसात के मारे सुरजा कती ठाल्ली बैठ्या था अर नां ए उसनैं उम्मीद थी अक कोय गाहक आवैगा. इसे मींह मैं नत्थू तैं देखकै उसनैं बूज्झी– आं रै भाई ! तेरा ब्याह हो लिया के? नत्थू भूंडा सा मुंह बणाकै बोल्या– और इस मींह मैं के मेरी मां मन्नैं दही लेण भेज्जै थी?

भूंडे सुपणे

एक बर की बात है अक नत्थू किसी डाक्टर धोरै गया अर बोल्या– डाक्टर साब! मेरी तबियत भोत खराब हो री है, रात नैं घणे भूंडे सुपणे आवै हैं. चैन तैं सोये होये भी मुद्दत होगी. डाक्टर बोल्या– इसा के सुपणा आग्या तो नत्थू बोल्या– न्यूं दीखै जणूं मैं गधां गैल क्रिकेट खेलूं हूं. डाक्टर उसतैं तीन गोलियां देते होये बोल्या– एक तड़कै ले लिये, एक दोपहर मैं अर एक सांझ नैं. कती ठीक हो ज्यैगा. नत्थू बोल्या– डाक्टर साब! आज–आज तो रहण द्यो. डाक्टर नैं अचम्भे मैं बूज्झी अक आज किमें दुवाई खाण का परहेज है के? नत्थू बोल्या– नां जी परहेज किमें नीं है, असल मैं आज तो उन गधां गैल म्हारा फाईनल मैच है.

डाक्टर का नुस्खा

एक बर की बात है अक नत्थू अपणे मोटापे तैं परेशान होकै डाक्टर धोरै चल्या गया. डाक्टर उसका मुआयना करकै बोल्या– कती सिंपल ईलाज तो यो है अक सौ दिनां तक रोज सात किलो मीटर भाज्या कर. थोड़े दिनां बाद डाक्टर धोरै रिपोर्ट आई अक भाई का वजन पंद्रह किल्लो घट लिया है. फेर उसका फोन आया 100 दिनां कै बाद अक वजन तो घट ग्या पर एक और समस्या होगी. डाक्टर बोल्या– समस्या के है, ईब सौ दिनां मैं तो तेरा वजन पूरा पच्चीस किलो कम हो लिया होगा. नत्थू बोल्या– जी बात तो आप ठीक कह रे हो पर मैं घर तैं सात सौ किलोमीटर दूर भी तो पहोंच लिया हूं, ईब के करूं?

हस्पताल की लाइन

एक बर की बात है अक नत्थू पढ़ाई पूरी करे पाच्छै डाक्टर बणग्या अर घर की दुकान खोल ली. एक दिन उसके बारणै आग्गै बहोत लंबी लाइन लाग गी. अर कई लोगां की आदत होया करै अक वे लाइन तोड़कै सब तैं आग्गैं खिड़की की साइड मैं खड़े रह्या करैं अर खिड़की मैं माड़ा सा हाथ घालकैं पर्ची बनवावैंगे या पेमेंट लेवैंगे. ईब ईसा ए सीन हो रह्या था अर डाक्टर की दुकान बंद पर जो भी लाइन मैं आग्गै जाण की कोशिश करै उसे नैं लोग खींचकै सबतैं पाच्छै धकेल रे थे. कई बर ईसा होया अक एक आदमी बार–बार कोशिश करै अर भीड़ फेर उसनैं पीच्छै ध ाकेल दे. एक घंटा होग्या भाई नैं धक्का–मुक्की करते. न्यूं करते–कराते जद कई घंटे बीतगे तो आखिर मैं छोह मैं आकै वो बोल्या– सुसरो! खड़े रहो लाइन मैं, मैं इस हस्पताल नैं खोलता ए नीं, करा ल्यो ईलाज अपणे फूफ्फे धोरै.

भैंस की दवाई

एक बर की बात है अक नत्थू की भैंस बीमार होगी. नत्थू गया डाक्टर कै. नत्थू की बात सुणकै डाक्टर बोल्या– ये पकड़ चार गोलियां अर खुवा दिये तेरी भैंस नैं. नत्थू बोल्या– डाक्टर साब! न्यूं और बता द्यो अक ये गोलियां खुआऊं क्यूंकर? डाक्टर बोल्या– रै इसमैं के भेद है, गोली नैं एक नाल मैं घाल लिये अर फेर एक साइड तैं भैंस के मुंह मैं घाल दिये अर एक साइड तैं अपणे मुंह पै लाकै जोर की फूंक मार दिये, गोलियां आप्पे भैंस के पेट मैं बड़ ज्यैंगी अर भैंस का सारा रोग एक्केदम कट ज्यैगा. नत्थू सारी बात सुणकै गोली अर नाल हाथ मैं पकड़े घरां आग्या. आगले दिन नत्थू नैं जाकै डाक्टर की कड़ पै पहले तो चार डुक्के ठोक्के अर फेर उलटी–सुलटी बकी. डाक्टर अपणा चश्मा संभालते होये बोल्या– रै फूफ्फे! के होग्या? बतावैगा भी अक मेरी जान लेकै मानैगा? नत्थू बोल्या– डाक्टर की ऊलाद तैं तो है ए पिटण जोग्गा अर न्यूं कहकै उसनैं डाक्टर के थोबड़े पै दो और जड़ दिये. डाक्टर बोल्या– रै तन्नैं उसे ढाल कर्‌या था के जिस तरियां मन्नैं बताया था? नत्थू बोल्या– हां करी तो उसे तरियां थी. डाक्टर नैं पूच्छी– फेर के होया? नत्थू बोल्या– फेर के होणा था, फेर भैंस नैं पहल्यां ए फूंक मार दी.

दारू की तरकीब

एक बर की बात है अक नत्थू डाक्टर बण ग्या पर डाक्टरी पढ़ते–पढ़ते उसकै पीण की भूंडी आदत लाग्गी अर वा इसी लाग्गी अक ब्याह पाच्छै भी नीं छूटी. दारू की बात पै उसकी बहू रामप्यारी नैं उसका जीना हराम कर दिया अर करड़ी निगरानी बिठा दी. सांझ नैं घर तैं ए नां लिकड़ण देती अक नां रहवैगा बांस अर नां बजैगी बांसरी. फेर एक दिन नत्थू जद हस्पताल तैं घरां आया तो फोन की घंटी बजी अर दूसरी ओड़ तैं डाक्टर सुरजा बोल्या– नत्थू! आज्या भाई आज तो दारू का प्रोग्राम बणा राख्या है अर कालेज टैम के अपणे दो–चार पुराणे साथी भी आ रे हैं. इतणा सुणते ही डाकी कै चाव चढ़ ग्या पर जावै क्यूंकर? फेर उसकै एक तरकीब सूझी अर वो डाक्टर आला धोला कोट पहरकै चाल्लण लाग्या. रामप्यारी बोल्ली– घणा सीरियस केस आग्या के, बिणा रोटी खाये चाल दिया? नत्थू बोल्या– आज तो घणा सीरियस केस है, दो डाक्टर तो मेरे तैं भी पहल्यां ए पहोंच रे हैं.

टांग का दर्द

एक बर की बात है अक नत्थू किसी डाक्टर धोरै जाकै बोल्या– देखिये भाई डाक्टर! मेरी इस सोली टांग मैं कसूत्ता दर्द हो रह्या है. डाक्टर जांच–पड़ताल करकै बोल्या– तरै किमें नी हो रह्या, बस उम्र का तगाज्जा है, ईब तैं पिचासी का हो लिया है, दर्द तो होणा ए होया. नत्थू बोल्या– डाक्टर साब! मरी ओली टांग की उम्र भी तो इतणी ए है, इसमैं नां होता दर्द.

डॉक्टर के दो चम्मच

एक बर की बात है अक नत्थू कै कई दिनां तक बुखार चढ़ता आवै था. वो डॉक्टर धोरै जाकै बोल्या– जी घणा भूंडा ताप चढ़ रह्या है. डाक्टर समझाते होये बोल्या– भाई न्यूं कर या ले दवाई आली शीशी अर दो चम्मच तड़कै, दो चम्मच दोपहर नैं अर दो चम्मच सांझ नैं ले लिये. नत्थू बोल्या– जी या धरी आपकी दुवाई, इतणे चम्मच तो म्हारे घरां कोनीं.

लाटरी टिकट

एक बर की बात है अक नत्थू की बीस लाख की लाटरी लिकड़गी. वो टिकट लेकै अपणे पीसे लेण गया तो वे बोल्ले– इब्बे तो तन्नैं एक लाख मिलैंगे अर बाकी सारे तीन महीन्नां कै बाद मिलैंगे. नत्थू बोल्या– जी मन्नैं तो इब्बे चहियं रुपिये क्यूंक लाटरी आते ही मन्नैं एक प्लाट का सौदा कर दिया है, पीसे तुरंत देणे हैं. वे बोल्ले– चाहे कुछ हो ज्यो म्हारा असूल है अर हम तीन महीन्नां तैं पहले तन्नैं एक धेला नीं दे सकते. नत्थू कै भी आच्छा छोह उठग्या अर बोल्या– ठीक है, तैं मन्नैं मेरी जीती होई रकम नीं दे सकता तो पकड़ अपणी टिकट अर ल्या मेरा दस का नोट उलटा कर दे.

चोर की चादर

एक बर की बात है अक नत्थू भोत ए घणा गरीब था. एक दिन वो रात नैं सोया पड़्या था तो दरवाज्जा खुल्ला देखकै चोर बड़ ग्या अर चारूं पास्सै देखण लाग्या. नत्थू आराम तैं जमीन पै सोया पड़्या था. समान बांधण खात्तर चोर जो चादर ले रह्या था वा उसनैं एक ओड़ नैं धर दी अर घर की तलाशी लेण लाग्या. खूब मात्थापच्ची करें बाद भी उसनैं चुराण वास्तै किमें नीं मिल्या तो चादर ठाण आया. उड़ै आकै देख्या अक चादर तो नत्थू नैं अपणे नीच्चै बिछा राखी थी. चोर नैं सोच्ची अक जै चादर खैंची तो यो आदमी जाग ज्यैगा अर तैं पकड़ा ज्यैगा. चोर वापस जाते होये दरवाज्जा भेड़ण लग्या तो नत्थू बोल्या– रै भले माणस! दरवाज्जा तो खुल्ला ए छोड़ दे. तेरे बरगा कोय और भाई आवैगा तो के बेरा ओढण खात्तर भी किमें दे ज्यै.

फुंका हुआ कान

एक बर की बात है अक नत्थू अपणे कान दिखाण डाक्टर धोरै गया. उसके कान कती लाल होरे थे अर सूजकै गोलगप्पे की शकल ले रे थे. दर्द के मारे चिस–चिस हो री थी वा अलग. डक्टर बोल्या– रै ये कान क्यूंकर सुजा ल्याया? नत्थू बोल्या–जी पजाम्मा प्रैस करूं था अर बीच मैं ए फोन आग्या अर तावल मैं कान पै फोन लगान की बजाय प्रैस लगा ली. डाक्टर नैं अचम्भे मैं नत्थू की तरफ देख्या अर बोल्या– फेर यो दूसरा क्यूंकर सूज्या? नत्थू बोल्या– जी फोन करणिया कती बावलीबूच था, उसनैं दुबारा फेर फोन कर दिया.

दस्त का ईलाज

एक बर की बात है अक सुरजा अपणे ढब्बी की बरात मैं गया था. छोरी आल्यां का माल देखकै घणा चेप ग्या अर उसकै दस्त लागगे. बेचारा जंगल जाते–जाते थक लिया. डाक्टर कै गया तो उसनैं आंत–भांत की पुड़िया लिख दी पर दस्त नीं रुके. फेर वो एक देस्सी वैद नत्थू धोरै गया. सुरजे की सारी रामकहाणी सुणकै नत्थू वैद्य बोल्या– तेरी हालत देखकै तो न्यूं लाग्गै अक तेरै कोय जड़ी–बूटी तो काम आवैगी नीं, बस तैं तो एक लाल कात्तर बांध ले. सुरजे नैं हैरानी तैं बूज्झी– लाल कात्तर तैं के दस्त रुक ज्यैंगे? नत्थू वैद बोल्या– रै बावले! लाल कत्तर तो गाड्डी रोक दे, तेरे दस्त तो के चीज हैं.

साईकल की इसी तिसी

एक बर की बात है अक नत्थू नैं जरूरी काम तैं किसी गांम मैं जाणा था अर उन दिनां मैं साधन होया नीं करते. पूरे गांम मैं मुश्किल तैं एकाध धोरै साईकल होया करती. नत्थू के गांम मैं भी बस सुरजे धोरै साईकल थी. नत्थू नैं सोच्ची अक सुरजे कै घरां जाकै साईकल उधारी मांग ल्यूंगा. नत्थू तड़कै तैयार होया अर इस सोच मैं सुरजे के घर की तरफ चाल दिया अक कदे जाते ही सुरजा साईकल देण तैं नाट ग्या तो इज्जत का कती नास हो ज्यैगा. सोचता गया अर चालता गया अर आखिर मैं सुरजे घर पहोंच ग्या. सोचते–सोचते उसका मात्था तो कती खराब हो लिया था. सुरजे घरां पहोंचकै किवाड़ खुड़काए तो सुरजा बाहर लिकड़कै आया. उसतैं देखते ही नत्थू बोल्या– अरै ओ सुरजे! अपणी साईकल नैं सिर पै धरकै नाच लिये, हमनैं नीं चहिय तेरी साईकल कती भी.

नत्थू की बुक्कल

एक बर की बात है अक नत्थू कसूत्ता शराबी पाक लिया था अर पी–पी कै उसकी शकल न्यूं हो री थी जणूं लीकड़े मैं जी घल रह्या हो. जाड़्यां की बात है अक वो तड़कै पांच बजे बोत्तल लेकै भैंसां आले नोहरे मैं जा पहोंच्या अर गाब्बर आले बासन मैं तैं पाणी मिलाकै पूरी बोत्तल डोच ग्या अर कसूत्ती चढ़गी. फेर घर कानीं चाल पड़्या. वो एक कंबल ओढ़ रह्या था अर उसनैं कंबल खोलकै फेर तैं उसकी बुक्कल मारी तो कंबल की झोंक मैं उसका मुंह भी फिर ग्या अर वो खेत्तां की तरफ हो लिया. थोड़ी दूर जाकै फेर बुक्कल ढीली होगी, ईबकै बुक्कल गैल मुंह गांम की तरफ होग्या. भाई चाल रह्या झूमता होया अर कोय ग्यान नीं कित जाण लाग रह्या है. थोड़ी सी दूर आकै फेर बुक्कल मारी अर फेर खेत्तां कानीं हो लिया. वो बेचारा चालता–चालता दुखी हो लिया पर घर नीं आया. जद वो हटकै खेत्तां की तरफ जावै था तो सुरजा अपणी बरसम मैं पाणी देण खात्तर जा रह्या था. उसतैं जाड्डे मैं इंजन स्टार्ट नीं हो रह्या था. वो हैंडल मार–मार दुखी हो रह्या था. नत्थू पहोंच ग्या अर जाकै सुरजे के कूल्हे पै मारी लात अर बोल्या– मैं भी कहूं तड़कै का चक्कर काट्टण लाग रह्या हूं, ईब तक घर क्यूं नीं आया. मन्नैं के बेरा इस धरती नैं तूं घुमाण लाग रह्या है.

स्टेशन पर सांग

एक बर की बात है अक नत्थू नये लत्ते अर जूतियां पहरे सुसराल जावै था अर उस गैल उसकी बहू अर पांच–छ साल का टाब्बर भी था. स्टेशन पै पहोंचकै उसनैं बीड़ी का नया बंडल काढ्या अर फेर धोरै खड़े सुरजे तैं बोल्या– आं रै भाई! माचिस दिये. वो बोल्या– क्यूं माचिस मांगता हांडै, खरीद क्यूं नां लेता? नत्थू बोल्या– खरीद तो ल्यूं पर मन्नैं बेरा कोनीं कित मिलै है? सुरजे नैं सुवाद लेण की मारी वो टिकट की खिड़की पै भेज दिया. नत्थू चौड़ा होकै टिकट की खिड़की पै गया अर पचास का नोट देकै बोल्या– रै एक माचिस दिये तावली सी. बाबू बोल्या– भाई! आड़ै माचिस नीं मिलती. नत्थू बोल्या– ल्या तो फेर दो टाफी दे दे इस टाब्बर खात्तर. बाबू बोल्या– आड़ै टाफी नीं टिकट मिलै हैं. नत्थू बोल्या– तो ल्या फेर दो टिकट दे दे. बाबू नैं बूज्झी कित की द्यूं? नत्थू बोल्या– मेरी सुसराल की दे दे. बाबू बोल्या– सुसराल छोड़ न्यूं बता गांम कुण सा है? नत्थू हैरानी तैं बोल्या– तन्नैं नीं बेरा मेरी सुसराल का? बाबू फेर बोल्या– मन्नैं के बेरा? नत्थू अपणे छोरे कानीं इशारा करकै बोल्या– जित की इसकी मां है. बाबू बोल्या– इसकी मां कड़ै की है? नत्थू सैड़ दे सी बोल्या– जित मैं ब्याह राख्या हूं. बाबू और गुस्से मैं बोल्या– मन्नैं के बेरा तैं कित ब्याह राख्या है? नत्थू दुगणे गुस्से मैं बोल्या– बावलीबूच! जद तन्नैं किमें बेरा ए कोनीं तो तैं आड़ै बैठ्या कुर्सी भी क्यूं तोड़ै है?

झोलाछाप की सलाह

एक बर की बात है अक नत्थू किसी ब्याह में गया अर कसूत्ते पकवान देखकै मचल ग्या अर खूब छककै पत्तल पाड़ी. माल खा तो लिया पर पच्या कोनीं. घरां आते ही उसकै दस्त लागगे अर पखाने के चक्कर काटते–काटते कती बेहाल हो लिया. नौबत डाक्टर कै जाण की आगी तो डाक्टर धोरै पहोंच्या. उसकी सारी रामकहाणी सुणकै झोलाछाप डाक्टर सुरजा बोल्या– लागे रहण दे दस्त, तन्नैं के गोस्से पाथणे हैं?

रसीद का रोला

एक बर की बात है अक एक छोरे नैं अपणे ढब्बी नत्थू के घरां फोन कर्‌या तो उसके बाब्बू नैं ठा लिया. छोरा बोल्या– अंकल जी! नत्थू तैं बात करणी है. नत्थू का बाब्बू बोल्या– भाई कुण बोल्लै है तूं? छोरा बोल्या– जी रसीद. नत्थू के बाब्बू नैं पड़ते ही पूच्छी– कद काटी थी भाई?

डॉक्टर से मुलाकात

एक बर की बात है अक नत्थू सवेरै तैं ए सुस्त बैठ्या था. थोड़ी हाण मैं उसका ढब्बी सुरजा आया तो बोल्या– रैं न्यूं बासी ककड़ी की ढाल नाड़ क्यूंकर लटका राखी है? के होग्या, तैं तो आज डॉक्टर कै जाण आला था? नत्थू बोल्या– काल जाऊंगा आज तो तबियत खराब है.

सुपर स्पैशलिस्ट

एक बर की बात है अक अमरीका की एक डाक्टरणी ब्याह करण खात्तर हरियाणे मैं आगी. उसनैं एक बिचौलिये तैं बात करी अक वा एक डाक्टर तैं ब्याह करणा चाहवै अर उसनैं पांच–सात दिन मैं अमरीका वापस भी जाणा है. बिचौलिये नैं आसपास के पांच–सात गबरू छोरे दिखा दिये अर फेर उसनैं जल्दबाजी मैं उसका ब्याह नत्थू गैल करवा दिया. जद ब्याह का सारा काम निपट लिया तो सुहागरात के दिन उस डाक्टरणी नैं नत्थू तैं बूज्झी– थम किस लाइन के डाक्टर हो अर थारा होस्पीटल कित है? नत्थू बोल्या– जी! मेरी दुकान हिसार मैं बड़वाली ढाणी मैं है अर मैं छोरे होण की दवाई देण का सपैशलिस्ट हूं.

कुत्ते की काबलियत

एक बर की बात है अक नत्थू अपणे ढब्बी सुरजे तैं बोल्या– पड़ोसियां का कुत्ता टॉमी इतणा सयाना है अक रोज तड़कै अखबार ल्याकै उनके हाथ मैं दे दे है. सुरजा उसकी बात सुणकै हां मैं हां मिलाते होये बोल्या– इसमैं सयानपन की के बात है, आजकाल तो घणखरे कुत्ते अखबार ठाकै मालिक नैं पकड़ावैं हैं. नत्थू बोल्या– पकड़ाते होंगे पर हमनैं तो आज तांहीं अखबार बंधवा ए नहीं राख्या.

घड़ी का स्टाइल

एक बर की बात है अक नत्थू रेलगाड्डी मैं सफर करै था अर उसकै सामनैं आली सीट पै बैठ्या सुरजा एक बर एक जेब तैं घड़ी निकालै अर देखकै उल्टी ए घाल ले, फेर दूसरी जेब तैं दूसरी घड़ी निकालै अर देखकै जेब मैं घाल ले. न्यूं उसनैं कई बर कर्या तो नत्थू चक्कर मैं पड़ ग्या अक यो के साक्का है? जद उसनैं यो सांग तीसरी बर कर्या तो नत्थू तैं डंट्या नीं गया. वो बोल्या– भाई न्यूं बार–बार जेब तैं घड़ी नैं कदे काढै है अर कदे घाल्लै है, के बात? तैं घड़ियां का मकैनिक है के? सुरजा बोल्या– रै मैं क्यां का मकैनिक हूं, बात या है अक मेरी एक घड़ी की छोट्टी सूई टूट री है अर दूसरी की बड्डी. इस मारी दोनुआं नैं मिलाकै टैम देख–देख गुजारा कर रह्या हूं.

पंडित ने धोये हाथ

एक बर की बात है अक सुरजे चौधरी नैं किसी पंडत तांहीं श्राद्धां मैं जिम्मण खात्तर बुलवा लिया. ग्यारस के दिन पंडत तो त्यार होकै आग्या अर घर की पोली मैं जूतियां काढ़कै खाण नैं बैठण लाग्या तो बोल्या– ल्यायो रै छोरो! कोयसा पाणी का लोटा ल्याकै हाथ धुलवा द्यो. हाथ धोकै पंडत आसन पै बैठग्या अर थाली मैं धरे पकवान चेप्पण लाग्या. डेढ़ सेर पक्की खीर, पच्चीस–तीस पूरियां, छः कटोरी आलू का साग अर आठ–दस गिलास रायते के तो वो दस मिनट मैं गप्प कर ग्या. नत्थू पकड़ा–पकड़ा समान बावला होग्या अर चौधरण पूरी तार–तारकै थक ली थी आटा कती तली मैं लगण नैं हो रह्या था. आखिर मैं जद पंडत का पेट कती फटण होग्या तो वो पेट पै हाथ फेरकै उठग्या अर खड़्या होकै बोल्या– ल्यायो रै छोरो! कोयसा पाणी का लोटा ल्याकै हाथ धुलवा द्यो. पंडत की बात सुणकै नत्थू रुक्का मारकै बोल्या– रै बाब्बू! यो पंडत तो फेर हाथ धुवाण की कहवै है.

भीख की सीख

एक बर की बात है अक तीन बाहमण कट्ठे होकै भिक्षा मांगण जावैं थे. इतणे मैं नत्थू उन धोरै आकै बोल्या– भाइयो! मन्नैं भी गैल ए ले ल्यो. मैं भी अपणा काम चला ल्यूंगा. बाहमण बोल्ले– भाई यो तेरा काम कोनीं, तैं खेत्तां मैं अपणे हल बा ले, अर जो उपजै वो खा लिये. नत्थू बोल्या– भाइयो! ये खेत–खात मेरे बस के कोनीं, मन्नैं तो थारा काम सुथरा लाग्या, मैं कती चुपचाप खड़्या रहूंगा अर थारी शान मैं फरक नहीं पड़ैगा, मेरा भी काम चाल ज्यैगा. पंडत सोचकै बोल्ले– ले तो चाल्लांगे पर तन्नैं म्हारी लय मैं लय मिलाणी पड़ैगी क्यूंक हम गा–गा कै मांग्या करां. नत्थू बोल्या– थम चिंता नां करो, थारी देखम–देख मैं भी लय मैं ए मांगूंगा. ईब वे चारूं सुरजे के घरां आग्गै खड़े होगे अर मांगण लाग्गे. पहलड़ा पंडत बोल्या– भिक्षा दे दे माई. दूसरा उसकी तर्ज मैं तर्ज मिलाते होये बोल्या–तेरे जीवैं भतीजे भाई. तीसरा बोल्या– तेरी होवै बड़ी कमाई. नत्थू का नंबर आग्या तो माड़ा सा सोचकै बोल्या–अर तावली दे दे, तेरै चार खड़े जंवाई.

काने का भय

एक बर की बात है अक नत्थू की बरात गई तो उसमैं तीन आदमी इसे गए जो काणे थे. पूरी बरात मैं वे न्यारे ही चमकैं थे अर जद फेरां का टैम होया तो तीन्नूं डाकी कती दूल्हे की बगल मैं डंटकै बैठगे. पंडत मंत्र पढ़ै था अर न्यूं समझ ल्यो अक कती उलट–पुलट बोल रह्या था. पंडत की बगल मैं छोरी आलां की साइड का कोई संस्कृत पढ़्या–लिख्या शास्त्री बैठ्या था अर वो पंडत की गलती देखकै भीत्तर ए भीत्तर घुल्या जावै था. पहल्ले तो वो चुपचाप सुणता रह्या अर फेर जद अचानक उसकी निगाह उन तीन काणे आदमियां पै पड़ी तो वो घबराकै बोल्या– रै पंडत! तैं फेरे तगाज्जे तैं करा ले, सारी बरात काणी होती आवै है, कदे इस बंदड़े का भी नंबर नां आ ज्यै.

मोड्डे का गला

एक बर की बात है अक मास्टरां नैं नत्थू तैं छेत–छेत कै दो अक्षर पढ़ा कै बड़ा तो कर दिया पर बेचारे की कोय नौकरी नीं लाग्गी अर वो किसे मठ मैं जाकै मोड्डा बणग्या अर लोगां नैं प्रवचन देण लाग्या. उसका गुजारा बढ़िया होण लाग्या. एक दिन चौधरी सुरजे नैं नत्थू मोड्डा अपणे घरां प्रवचन देण खात्तर बुलाया. नत्थू नैं पूरी रात जी लगाकै चौधरी के परिवार तैं सुथरी–सुथरी बात बताई. सबनैं ग्यान सा आ रह्या था. पर सुरजे की घरआली रामप्यारी दिनभर काम करकै थक री थी अर उसनैं मोड्डे की किसी बात मैं दिलचस्पी नहीं थी. जद सवेरा होया तो चौधरी नैं एक थाली मैं नाश्ते खात्तर दो–चार केले धरकै खाण खात्तर दे दिये. मोड्डा भी मरोड़ मैं था, खाण तैं नाट ग्या. चौधरण धोरै ए खड़ी थी वा मोड्डे तैं समझाते होये बोल्ली– बाब्बा जी! खा ले, खा ले, किमें जान आ ज्यैगी, तूं पूरी रात कुत्त्यां की ढाल भौंक्या है, गला भी सूखग्या होगा.

दूध का चस्का

एक बर की बात है अक सांझ कै टैम नत्थू अपणी खाट पै बैठ्या एक बड़े से गिलास मैं दूध पीण लाग रह्या था. उसतैं दूध पीते देखकै एक बिल्ली उड़ै आकै बैठगी अर एकटक नत्थू की तरफ देखकै मीआउं–मीआउं करण लाग्गी. उसतैं मीआउं–मीआउं करते घणी देर होगी. इब नत्थू उसकी मीआउं–मीआउं तैं कायल हो लिया था तो गुस्से मैं बोल्या– रांड! क्यां तैं मीआउं–मीआउं ला राखी है, घणा दूध पीण नैं जी करता हो तो अपणी भैंस बांध ले.

तेरे नाम का दीया

एक बर की बात है अक रामप्यारी अर सुरजे कै बालक नीं होवैं थे. सारे टोने–टोटके, झाड़े–मंत्र करवाकै हारकै वे थककै बैठगे. फेर एक दिन एक मोड्डा उनके घरां आग्या अर उस आग्गै सुरजे की बहू नैं सारा रोणा रो दिया. मोड्डा बोल्या– बेट्टी! रोवै मत नां, मैं परसों बदरीनाथ जाऊं सूं, उड़ै तेरे नाम का दीया जला द्यूंगा अर रामजी सब भली करैंगे अर देखिये तेरै साल पहल्यां गोद भर ज्यैगी. न्यूं कहकै वो मोड्डा तो चल्या गया अर फेर वो मोड्डा आठ साल बाद चौधरी सुरजे के घरां दुबारा आया तो देख्या अक उड़ै छः–सात टाबरां नैं घमासान मचा राख्या था. मोड्डे नैं उन टाबरां मैं तैं नत्थू तैं बुलाकै बूज्झी– रै थम किस के टाब्बर हो? नत्थू बोल्या–दाद्दा! ये उसके हैं जिसका तूं आठ साल पहल्यां बदरीनाथ मैं दीवा बालकै आया था. मोड्डा बोल्या– तो इणका बाब्बू चौधरी सुरजा कित है? नत्थू बोल्या– बाब्बा जी! चौधरी तो वो दीया बुझाण काल ए बदरीनाथ गया है.

राम करै

एक बर की बात है अक गांम मैं बरात एक छप्पड़ के नीच्चै बैठकै जीम्मै थी. घराती बार–बार आवैं अर सार्यां की पत्तल मैं लाइन बार पूरी, रायता, आलू, जलेबी, लाड्डू तावली–तावली धरते जावैं. फेर कचोरियां का टोकरा आया वो भी घराती तावली–तावली बांटण लाग्गे. घणी तावल मैं एक छोरा नत्थू बीच मैं तैं छूट ग्या. उसका मुंह होग्या कती लापसी बरगा. पर शर्माता बोल्लै कोनीं अक सारे सोच्चैंगे कै लाड्डू–कचौरी मांगै है. नत्थू अपणी खाल्ली पत्तल लिये माड़ी देर तो बैठ्या रह्या फेर बोल्या– राम करै यो छप्पड़ पड़ ज्यै अर थम सारे इसकै नीच्चै दबकै मर ज्यो. सारे उसके मुंह कानीं देखण लाग्गे अर बोल्ले कुछ भी नीं अक बालक है के कहणा है. थोड़ी देर मैं वो फेर बोल्या– राम करै यो छप्पड़ पड़ ज्यै अर थम सारे इसकै नीच्चै दबकै मर ज्यो. कोय फेर भी नहीं बोल्या पर जद उसनैं या ए बात तीसरी बर कही तो सबके कान खड़े होगे अर सुरजा ताऊ उसतैं टोकते होये बोल्या– अरे ऊतणी के! हम सारे इस छप्पड़ कै नीच्चै दबकै मरांगे तो तूं भी तो आड़ै ए बैठ्या है, तू के बच ज्यैगा? नत्थू छोह मैं पत्तल की तरफ इशारा करकै बोल्या– क्यूं इब भी तो बच रह्या हूं.

छूछक में ताश

एक बर की बात है अक नत्थू की बरात गई तो जाकै चौपाल मैं खाटां पै पसरगी जणूं किसे नैं कदे खाट देखी ए नां हो. फेर चारूं कानीं ताश की बाज्जी चाल पड़ी. कोय कोट–पीस, कोय सीप अर कोय किमें खेलै. उस बारात मैं ताऊ सुरजा भी था जो अपणे तैं ताश का चैंपियन समझ्या करता पर सारी हाण उसकै सूक्की आया करती. न्यूं ए दो–चार बराती खाट मिलाकै बीच मैं तौलिया बिछाकै सीप खेलैं थे अर ताऊ सुरजे कै पांच–सात सूक्की दे दी. घणखरी चाल थी नत्थू की. काल के छोरे तैं हारते होये ताऊ कै छोह आग्या तो वो बोल्या– आं रै भाई नत्थू! तूं तो कसूत्ता खिलाड़ी पाक रह्या है, जितणा ध्यान ताश मैं है, उतणा पढ़ाई–लिखाई मैं करै तो तूं मैरिट मैं आ सकै है. छोरा बोल्या– ताऊ! जद मैं पैदा होया था तो मेरे छूछक मैं मेरा मामा ताश की एकाध नीं बल्कि पूरी छः जोड़ी लेकै आया था अर छठी पै ए मन्नैं मेरे बाब्बू कै पहली बाज्जी ठोक दी थी, छूछक मैं माम्मा कापी–किताब ल्याता तो मैं पढ़ाई नीं कर लेता?

मारुति प्रेम

एक बर की बात है अक नत्थू अपणी नई मारुति लियाया अर उसकै पाच्छै लिखवा दिया– 'सावन को आने दो.' सवेरै–शाम गाड़डी के शीशे पूंझै, कदे उसनैं धोवै–मांजै अर कदे भांत–भांत की पालिश लगाकै चमकावै. एक दिन पाच्छै तैं ट्रैक्टर–ट्राली आवै थी अर उसके डरैवर नैं नत्थू की मारुति मैं सीधी ठोक दी. मारुति का पाच्छै तैं कती पिचकड़ा लिकड़ ग्या पर नत्थू कै एक झरींट भी नीं आई. फेर भी नत्थू का तो कालजा लिकड़ण नैं होग्या पर किमें बोल भी नीं सक्या क्यूंक ट्राली कै पाच्छै लिख राख्या था– 'आया सावन झूम के'.

नोट ही नोट

एक बर की बात है अक ले–देकै सुरजा अमरीका पहोंच ग्या अर उड़ै जाकै पीसे भी आच्छे कूट लिये. एक दिन फोन पै उसकी नत्थू तैं बात होई तो वो बोल्या– नत्थू आड़ै तो जित भी देखो नोट ए नोट हैं, तैं भी आज्या, उड़ै इंडिया मैं के डोक्के लेगा? उरै तो स्टोर हो या एयेरपोर्ट, गैस स्टेशन हो या मॉल सब जगहां नोट ए नोट हैं. तूं भी वीजा लगवा ले अर आज्या. खूब नोट छापिये. नत्थू कै तो उचकटी लाग गी. वो वीजा लगाणिये दलाल के चक्कर काट्टण लाग्या अर आखिर मैं जुगाड़बाजी करकै पहोंच ग्या अमरीका. जद वो एयरपोर्ट तै बाहर लिकड़ै था तो देख्या अक सौ डॉलर का एक नोट पड़्या था. नत्थू नोट ठाए बिणा ए आग्गै नैं हो लिया अर मन ही मन बोल्या– आज तो पहल्ला ए दिन है, काल तैं करूंगा काम शुरु.

छुट्टी का ढंग

एक बर की बात है अक नत्थू फौज मैं भर्ती होग्या. एक दिन उसनैं अपणे सूबेदार तैं कही– सर जी! मेरी फैमिली बीमार है, छुट्टी दे द्यो. सूबेदार घणे काम का बहाना बणाकै उसतैं छुट्टी देण तै नाट ग्या. दो दिन बाद नत्थू नैं फेर बात दोहराई अक मेरी फैमिली भोत बीमार है. सूबेदार बोल्या– इब्बे छुट्टी सैंक्शन नीं हो सकती, मैं फोन करकै तेरी घरआली का पता ले ल्यूंगा अर तेरे तैं बता द्यूंगा. दो दिन बाद सूबेदार बोल्या– हां भई नत्थू! मन्नैं तेरी लुगाई तैं बात कर ली है, वा बिल्कुल ठीक है अर कोय चिन्ता की बात नीं है. नत्थू बोल्या– सर जी! मैं तो झूठा था ए अर थम मेरे भी बाप लिकड़े क्यूंक मेरा तो इब्बे ब्याह ए नां होया.

मैटरीमोनियल

एक बर की बात है अक नत्थू मैटरीमोनियल की दुकान मैं गया अर ओड़ै जाकै बोल्या मन्नैं ब्याह खात्तर छोरी की फोटू दिखाओ तो सुरजे नैं एलबम खोल्ली अर एक–एक करकै घणी फोटू दिखा दी पर नत्थू कै कोई भी पसंद नीं आई अर वो बोल्या– भाई सुवाद सा नीं आया कोई और दिखाओ बढ़िया सी चीज. उसकी या बात सुणते ही सुरजा बोल्या– रै तरेड़! तैं उरै तैं इब खड़ा होले नीं तो द्यूंगा साले कै रैपटे चार, हमनैं आड़ै परचून की दुकान खोल राखी है जो चीज दिखावां?

ठंड का मारा

एक बर की बात है अक नत्थू अर सुरजा मरे पाच्छै यमराज धोरै पहोंचे. यमराज बोल्या– सुरजा पहले तूं बता क्यूंकर मर्‌या? सुरजा बोल्या– जी मैं तो ठंड तैं कांप–कांप कै मर्‌या था. यमराज बोल्या– तेरी या बात कती विश्वास के लायक नीं है, उड़ै हरियाणा मैं 48 डिग्री टैम्प्रेचर अर तैं ठंड तैं मर ग्या! तेरी गपबाजी का मैं पता लगाऊंगा. फेर यमराज नैं नत्थू तैं बूज्झी तो वो बोल्या–जी मैं तो शर्म तैं मर ग्या क्यूंक एक दिन किसी नैं मेरे तैं बताया कै तेरी घरआली धोरै कोय आदमी आ रह्या है. मैं शक के मारे घरां आकै तलाशी लेण लाग्या पर मन्नैं कोय नीं मिल्या तो मन्नैं अपणे आप पै भोत शर्म आई अक मन्नैं बेकसूर रामप्यारी पै खामखाह शक कर्‌या अर मैं शर्म के मारे मर ग्या. इतणी बात सुणकै सुरजे नैं नत्थू कै आच्छे जड़ दिये अर बोल्या– सुसरे! तन्नैं रैफरीजरेटर खोल कै क्यूं नीं देख्या, मैं बच जाता, मैं ठंड के मारे खामखां ए मर ग्या.

नत्थू के फेरे

एक बर की बात है अक नत्थू के फेरे होण लागरे थे अर पंडत बोल्या– भाई छोरे! वचन भर अक अपणी घरआली की सारी बात मान्नैगा अर उसकी सलाह लिये बिणा कोई जरूरी फैसला कदे नीं करैगा. नत्थू वचन भरण की हां करते होये बोल्या– पंडत जी! मैं वचन द्यूं हूं अक वो ए करूंगा जो या कहैगी पर जो मैं कहूं उसनैं या भी मान्नैगी. नत्थू का बाब्बू धोरै बैठ्या सुणै था अर उसनैं गुस्सा आ रह्या था अक यो फेरां मैं भी बोलबाल्ला नीं बैठ सकता, बोल्या– अरै राकस! तूं खामखाह अपणे दिमाग की क्यूं जोड़ै है जो पंडत कहै उतणी ए कह दे. नत्थू छोह मैं बोल्या– बाब्बू न्यूं और बता दे फेरे तेरे हों सैं अक मेरे, अर फेर तैं खामखाह टोकाटाकी क्यूं कर रह्या है, तेरे फेर्या मैं मन्नैं किमें कही थी?

दरवाजों का उपयोग

एक बर की बात है अक स्कूल तैं आते टैम नत्थू अर सुरजे मैं कसूत्ती लड़ाई होगी. नत्थू बेचारा कती मरियल अर सुरजा आच्छा–ठाड्डा. नत्थू नैं लड़ाई छेड़ कै बिघन तो मोल ले लिया पर मन ए मन भूंडी ढाल कांपै अक यो तेरी सौड़ सी भरैगा. फेर नत्थू नैं हिम्मत करकै सुरजे कै दो झाप्पड़ रसीद कर दिये अर फुल स्पीड पै घर कानीं भाज लिया अर नोहरे मैं बड़कै किवाड़ बंद कर लिये. सुरजे का पारा सातवें आसमान पै पहोंच लिया था. वो अपणा बस्ता राह मैं ए फैंककै नत्थू के पाच्छै भाज्या अर नोहरे के दरवाज्जे पै खड़्या होकै दहाड़कै बोल्या– रै गादड़ की ऊलाद! किवाड़ क्यां तैं बंद कर लिये, हिम्मत है तो बाहर लिकड़ कै आ, तेरै नान्नी नीं याद करा दूं तो कहिये. नत्थू नैं डरते–डरते ताक्की खोल्ली अर मुंह काढ़कै बोल्या– बंद नीं करने तो दरवाज्जे लवाये क्यां खात्तर थे?

सुहागरात

एक बर की बात है अक जद नत्थू का ब्याह होया तो फेरे होते ही सारे बराती तावल मचाण लाग्गे. सबतैं बुड्ढा बराती छोरीआल्यां तैं बोल्या– रात का डेढ़ बज रह्या है, क्यां नैं देर करो? जल्दी सी छोरी नैं घाल द्यो. नत्थू का भी सिर पै मोड़ धरे–धरे कस लिकड़ लिया था. वो भी फट दे सी खड़्या होकै बोल्या– हां हां चलो तावल करो. यार–दोस्तां नैं छेड़णा शुरु कर दिया अक देखो डाकी कै सुहागरात मनाण की जल्दी हो री है. नत्थू तो थकान के मारे पहल्यां तैं ए खिझ्या बैठ्या था अर ऊप्पर तैं दोस्तां की चुहलबाजी तैं तंग हो लिया. फेर छोह मैं बोल्या– क्यां की सुहागरात? सारी रात तो इन सुसरालियां नैं आड़ै ए काली कर दी अर जो दो–तीन घंटे बचे हैं वे घर तक पहोंचण मैं पूरे हो लेंगे, मेरे धोरै तो यो सुहाग ए सुहाग रह ग्या, रात तो हुर्र फुर्र होगी.

मोटर साईकल स्टाइल

एक बर की बात है अक नत्थू बस अड्डे पै खड़्या बस की बाट देखै था. इतणे मैं आंख्यां पै काले चश्मे अर कान मैं वाकमैन के तार लगाये दो बणे–ठणे एंडी छोरे मोटर साईकल पै कसूत्ती स्पीड छोड़ते होये ओड़ै तैं लिकड़े अर उननैं गांम मैं बड़े पाच्छै भी स्पीड कती कम नीं करी. फेर आगै तैं स्पीड ब्रेकर पै जाकै उनका बैलंस बिगड़ ग्या. मोटर साईकल का पहिया घूम ग्या अर वे धड़ाम पड़े. मुंह–मात्था कती फूट ग्या अर पैंट पाटगी. गोड्डे लहूलुहान होगे. लोगां नैं उनतैं हाल–चाल की बूज्झी तो उनमैं तैं एक बोल्या– थम के तमास्सा देखो हो, यो तो थारे फूफ्फे के उतरण का स्टाइल है.

नाम क्या है

एक बर की बात है अक छोरीआले छोरा देखण गए. छोरे का नाम था नत्थू अर नत्थू कै माड़ी सी अटक सी लाग्या करती. चा–चू पीकै नत्थू के बाब्बू नैं रुक्का मारकै नत्थू तैं बुलाया. अवाज सुणते ही नत्थू पहोंच ग्या बैठक मैं अर खाट पै नाड़ झुकाकै बैठ ग्या. फेर छोरी के बाब्बू नैं उसतैं उसका नाम बूज्झ्या अक बेट्टा के नाम है तेरा? छोरा पूरा हांगा लाकै ननननननननततत ए बोल पाया था अर इतणे मैं ही छोरी का बाब्बू उठकै चाल दिया अर बोल्या– ठीक है तूं बतांदा रह इतणे मैं हम आगला छोरा देखकै इब्बे आवां हां.

सरपंच की खातिरदारी

एक बर की बात है अक गांम मैं एक सरपंच के घरां सुरजा थाणेदार अर नत्थू हवलदार भी रुकगे. नत्थू हवलदार नैं सोच्ची आज तो खाणे मैं सात भांत के पकवान मिलैंगे क्यूंक सरपंच कै रात काटणी है. रात नैं रोटियां के टैम पै सरपंच बोल्या– बताओ थाणेदार साब के खाओगे? थाणेदार सुरजा किमें ढिल्ला सा हो रह्या था, बोल्या– खाण की थम चिन्ता नां करो, मेरा तो काल तैं पेट चाल रह्या है अर मैं तो बस दलिया खाऊंगा. सरपंच नैं अपणी लुगाई तैं रुक्का मारकै कही अक थाणेदार साब वास्तै दलिया रांध ले. फेर नत्थू हवलदार धोरै जाकै बोल्या–थाणेदार साब तो दलिया खावैंगे अर आप के खाओगे? या बात सुणकै नत्थू के तो सुपणां पै पाणी का घड़ा सा फूट ग्या. वो बोल्या– जै थाणेदार साब दलिया खावैंगे तो मेरै खात्तर तो खल–बिनौले ही भतेरे हैं.

बेहोश रामप्यारी

एक बर की बात है अक नत्थू बेचारा सैंतीस साल का हो लिया था पर उसका ब्याह नीं होण मैं आ रह्या था. बेचारे नैं घणे हाथ पैर मारे पर कितै भी बात पक्की नीं होवै थी. एक दिन फेर उसके रिश्ते की बात चाल्ली अर वो अपणे घरआलां के साथ छोरी देखण चल्या गया. छोरी की मां रामप्यारी तो नत्थू तैं देखते ही बेहोश होगी. घर के सारे माणस छोरी की मां तैं संभालण मैं लागगे. बिणा छोरी देखे अर बिणा चा–पाणी पीये नत्थू अर उसके घरआले अपणा सा मुंह लेकै वापिस चले गए. थोड़ी देर मैं होश आए पाच्छै सबनैं छोरी की मां तैं पूच्छ्या– आं ए! तैं क्यांतैं बेहोश होई? रामप्यारी बोल्ली– बेहोश ना होऊं तो और के करूं? यो ए नत्थू आज तैं बीस साल पहल्यां मन्नैं भी देखण आया था.

गलतफहमी

एक बर की बात है अक गर्मियां के दिन थे अर नत्थू चौधरी दारू पीकै अपणे मकान की तीसरी मंजिल की छात पै खाट घाल्ले लेट रह्या था. अचानक उसनैं शोर सुण्या अक सुरजे चौधरी का बीस साल का छोरा मर ग्या. वो उठकै भाज लिया पर उसका पैर तिसल ग्या. वो तीसरी मंजिल तैं नीच्चै गिर ग्या. जद वो दूसरी मंजिल पै आया तो सोच्या उसका तो कोय छोरा ए कोनीं. फेर पहल्ली मंजिल पै आया तो उसनैं ध्यान आया अक उसका तो इब्बे तांहीं ब्याह ए कोनीं होया. आखिर मैं जमीन पै पड़ते ही उसकै ध्यान आया अक उसका तो नाम भी सुरजा कोनीं अर न्यूं सोचकै चप् दे सी मर ग्या.

हाईटैक राम

हाय जान!

मैं आड़ै राज्जी खुशी अर मौज मैं हूं. उम्मीद है अक तैं भी राज्जी खुशी होवैगी. लक्ष्मण तन्नैं बहुत याद करै है अर कई बर तो फूट–फूट कै रोवै है. मेरा घणखरा टैम तो इसतैं चुप कराण मैं कट ज्यै है. मैं इस बांदर के हाथ तेरै धोरै या चिठ्ठी भेज्जण लाग रह्या हूं. तैं किमें फिकर नां करिये. मैं तावला तन्नैं रावण धोरे तैं ले आऊंगा. मन्नैं वोडाफोन का प्रीपेड ले लिया है. तेरै धोरै वोडाफोन का प्रीपेड भिजवा रह्या हूं. उसमैं 2000 एसएमएस मुफ्त की स्कीम है. खूब करिये अर सारी खबर देती रहिये. आगले चक्कर मैं हो सकै मैं लैपटाप भेजण की जुगत भिड़ा ल्यूं. डिस्काउंट की स्कीम आते ही खरीद ल्यूंगा. फेर आराम तैं चैटिंग करते होये टैम पास हो ज्यैगा. मेल भेजती रहिये और औरां की मेल फारवर्ड करती रहिये.

एक बर मन्नैं आ लेण दे, सुसरे रावण नैं खूब कुटूंगा. अर यो दूसरां की छोरी ठाणी भूल ज्यैगा.

तेरा भरतार,

राम

बटेऊ का भजन

एक बर की बात है अक नत्थू सुसराल गया तो उड़ै एक गली मैं भजन होण लाग रे थे. उसका साला उसतैं जगराते मैं लेग्या तो वो भी भजनियां धोरै बैठकै सुर मिलाण लाग्या. लोग्गां नैं सोच्ची अक यो भी किमें गाना–बजाना जाणै है. पांच–सात मलंग उसकै चिमड़गे अर बोल्ले– बटेऊ! आज तो तैं भी कोय भजन सुणा दे. नत्थू कै तो छोह आ रह्या था अक आते ही नां चा अर नां पाणी अर उरै कीर्तन मैं बिठा दिया इब वो सालां–सपटालां मैं फंस ग्या. भोत नाट्या पर वे कती नीं माने तो खड़्या हो लिया. कान कै हाथ लाकै रै रै रै कर्या अर दूसरा हाथ पूरा ऊप्पर ले जाकै ढोलकिये के गाल पै थप्पड़ जड़ दिया. फेर न्यूं ए रै रै रै रै करकै पेटीआले कै तमाचा जड़ दिया. इब चिमटेआले नैं सोच्ची अक तेरे मुंह पै आवैगा. या सोचकै चिमटा छोड़ वो तो अपणे आप पार हो लिया. अर इब नत्थू चौड़ी छात्ती करे खड़्या था. गांमआले वे मलंग फेर बोल्ले– रै बटेऊ इब तो किमें सुणा दे. नत्थू बोल्या– ऊत के सालो, उरै नां साज नां बाज गाऊं के टट्टू?

कान में आवाज

एक बार की बात है अक हरियाणा के तीन देहाती कुतुब मीनार देखण दिल्ली चले गए. दो तो सबतैं ऊप्पर की मंजिल पै पहोंचगे अक उनका तीसरा साथी नत्थू बेरा नीं कित रह ग्या तो वे उसतैं ढूंढण लाग्गे. उन्हांनैं देख्या अक उणका तीसरा साथी नत्थू तो तलै खड़्या था अर दिखते ही उसतैं आवाज मारकै एक बोल्या– रै नत्थू! ऊप्पर आज्या. नत्थू नैं इतणी ऊप्पर तैं क्यूंकर सुणै थी. उठै एक फौजी खड़्या था. वो बोल्या– रै थम गले मैं दूरबीन टांग रे हो, इसनैं लगाकै क्यूं नां देख ल्यो अक यो नत्थू ए है नां. एक नैं दूरबीन हाथ मैं पकड़ी अर नत्थू के कान धोरै फोकस करकै फुसफुसाया– रै सुण ले मेरे यार! गला पाट ग्या रोळा–करते करते, जल्दी सी आज्या ऊप्पर नैं.

यो ले

एक बर की बात है अक नत्थू कै शराब पीण की भूंडी बाण पड़गी. वो रोज दारू पीकै घरां जाता अर अपनी घरआळी रामप्यारी नैं किसे नां किसे बहाने पीट्या करता. रोज पूछता अक खाने मैं के बणा राख्या है अर उसकी लुगाई जै रोटी बणाती तो कहता चावल खाऊंगा अर जै दाल बणाती तो कहता सब्जी खाऊंगा. एक दिन उसकी घरआळी नैं सब किमें रांधकै धर दिया अक कुछ भी मांगैगा तो कह द्यूंगी यो रह्या. नत्थू के आण का टैम होते ही उसके छोटले छोरे नैं आंगन मैं हग दिया तो जल्दी–जल्दी मैं रामप्यारी नैं उसके ऊप्पर तासला टेक दिया. माड़ी सी देर मैं ए नत्थू घर आया अर बोल्या– आज तो मैं चावल खाऊंगा तो वा थाली मैं चावल घालकै बोल्ली– यो ले. वो बोल्या– रायता खाऊंगा. रामप्यारी नैं घालकै कटोरी मैं रायता धर दिया. अचार मांग्या तो अचार दे दिया, साग मांग्या तो साग अर दाल मांगी तो दाल. वो घणा दुखी होकै बोल्या– रांड मैं तो गू खाऊंगा. रामप्यारी नैं भी कसूत्ता छोह आग्या अर फेर वा तासला ठाकै बोल्ली– यो ले.

शराबियां के रुक्के

एक बर की बात है अक चार मोल्लड़ घणी दारु पीकै रात के दो बजे पाच्छै गांम मैं आकै बड़े. सारे कती धुत्त होरे थे. एक घर के धोरै आकै रुक्का मारण लाग्गे– नत्थू अरै ओ नत्थू! रोला सुणकै छात पै तैं एक लुगाई बोल पड़ी–के हो रह्या है, क्यूं रोळा कर राख्या है? नत्थू घरां कोनीं, वो तो गांम जा रह्या है. उनमैं तैं एक बोल्या– तूं कुण है तो वा लुगाई बोल्ली– मैं नत्थू की घरआळी हूं और कुण हूं? लुगाई की बात सुणकै उन नशेड़ियां मैं तैं एक बोल्या– ठीक है तो एक बर नीच्चै आज्या अर अपणे नत्थू नैं पिछाण ले ज्या, हम भी घरां जाकै सोवां फेर.

कार में चोरी

एक बर की बात है अक नत्थू भोत घणी दारू पीकै अपणी कार मैं बैठ ग्या. कार के भीत्तर बड़ते ही वो हक्का–बक्का रह ग्या अर फेर उसनैं गोज मै तैं मोबाइल काढ़कै 100 नम्बर पै फोन मार दिया. फोन सीधा थाणेदार नैं ठाया तो नत्थू बोल्या– थाणेदार साब मेरी कार के सटेरिंग, क्लच, गेयर, डैश बोर्ड अर स्टीरियो चोरी हो लिये हैं,आप तावली सी आ ज्यो. पांच मिनट मैं नत्थू नैं गोज तैं दुबारा मोबाइल काढ्या अर वो नम्बर फेर डायल कर दिया– सर जी! आण की टाल कर द्यो क्यूंक सारा सौदा आड़ै ए पाग्या है. थाणेदार बोल्या– अरै इतणी बर मैं न्यूं क्यूंकर पा ग्या? नत्थू बोल्या– जी असल मैं तो बात या है अक मैं पिछली सीट पै बैठ ग्या था.

जवानों की हिम्मत

एक बर की बात है अक नत्थू नेवी मैं अफसर भर्ती होग्या अर एक दिन अमरीकी अफसर तैं उसकी बहस शुरु होगी. अमरीकी अपणे देश के जवान्नां की तारीफ करते होये बोल्या– म्हारे जवान सबतैं घणे ताकतवर अर हिम्मतवाले हैं. दुनिया मैं कोय उनका मुकाबला नीं कर सकता. न्यूं कहकै उसनैं अपने जवान तैं कही अक जहाज तैं कूदकै जहाज के पांच चक्कर काटकै आ ज्या. जवान आर्डर सुणते ही कूद ग्या अर माड़ी सी देर मैं चक्कर पूरे करकै आग्या. नत्थू बोल्या– जी म्हारे जवान तो थारे आल्यां तैं भी कसूत्ते हिम्मतआले हैं, उनका मुकाबला करण की किसी मैं भी हिम्मत नीं है. न्यूं कहकै उसनैं एक जवान तैं रुक्का मार्‌या अर बोल्या– जा भाई जहाज के सात चक्कर काटकै आ. जवान सीना फुलाते होये बोल्या– मैं इतणे सीले़ पाणी मैं कोनी कूद सकूं. नत्थू बोल्या– देख्या म्हारे जवान की हिम्मत, और कोय इस तरियां जवाब दे सकै?

राजपूत से भिड़न्त

एक बर की बात है अक नत्थू किसी राजपूत गैल भिड़ ग्या. दोन्नूं एक दूसरे तैं उलटी–सुलटी बोल्लैं थे. फेर राजपूत बोल्या– रै थम म्हारा के मुकाबला करोगे हम हां ठाकुर, राजपूत अर क्षतरी. नत्थू बोल्या– तो हम किमें घाट कोनीं, हम हां चौधरी अर तंबू. राजपूत बोल्या– यो तम्बू के होवै? सुरजा फट बोल्या– यो है तेरी छतरी का फूफ्फा.

दीवार पर कान

एक बर की बात है अक अपणे देश का प्रधानमंत्री पागलखाने गया. पागलां तैं मिलवाते होए सुपरवाइजर बोल्या– रै थम राम–राम कर ल्यो इनतैं, ये अपणे प्रधानमंत्री हैं. एक पागल दांत भीचकै हांस्या अर बोल्या– उरै जो भी आवै है वो अपणे आप तैं पहलड़े दिन प्रधानमंत्री ए बतावै है, मैं भी जद आया था तो न्यूं ए कह्या करता. थोड़ी दूरी पै नत्थू बावला एक दीवार कै कान लगाकै खड़्या था. प्रधानमंत्री उसतैं देखकै अचंभे मैं पड़ग्या अर बोल्या– क्या सुन रहे हो भाई? नत्थू बोल्या– के बताऊं? थम कान लगाकै अपणे आप सुण ल्यो. प्रधानमंत्री नैं दीवार कै कान लगाकै सुनण की कोशिश करी अर जद कुछ नीं सुण्या तो बोल्या– अरे भाई! हमें तो कुछ नहीं सुन रहा. नत्थू बावला पहल्ले तो पाटकै हांस्या अर फेर प्रधानमंत्री तैं समझाते होये बोल्या– मन्नैं दस दिन होगे कान लगाए, आज तक कुछ नीं सुण्या, थमनैं इतणी बर मैं क्यूंकर सुण ज्यैगा?

सूरी साहब

एक बर की बात है अक नत्थू नैं किसी बड्डे अफसर तैं काम पड़ ग्या अर उसका नाम था सूरज कुमार सूरी. तड़कै ए नत्थू तो दफ्तर के बारणै आग्गै जाकै बैठग्या. और भी घणखरे लोग मिलण खात्तर पहोंच रे थे. जुण सा भी आवै था वो ए चपड़ासी तैं बूज्झै था– सूरी साब आ लिये के? नत्थू नैं सोच्ची अक ये लोग तो इस अफसर नैं भोत भूंडी ढाल बोल रे हैं. न्यूं किसी तैं सूरी कहण का के मतलब होया? थोड़ी देर मैं अफसर आग्या अर मिलणआले एक–एक करकै भीत्तर बड़गे. कई देर पाच्छै फेर जद नत्थू की मिलण की बारी आई तो भीत्तर बड़ते ही बोल्या– राम राम सूर साब. सूरी साब कै तो यो सुणते ही छोह उठग्या अर वो करड़ा सा होकै बोल्या– बात करने की भी सैंस नहीं हैं तुम्हें? पता नहीं कहां–कहां से उठकर गंवार आ जाते हैं? नत्थू नैं एक बर तो उस सूरी साब तांहीं ऊप्पर तैं तलै तक देख्या अर फेर बोल्या– मन्नैं तो तमीज घणी ए है जो आपतैं सूर साब कह दी अर थम उन्हांनैं देखो जो बाहर खड़े–खड़े थारे तैं सूरी कहण लाग रे हैं.

रांडे की राखियां

एक बार की बात है अक किसी गांम मैं नत्थू नाम का एक कसूत्ता रांडा था अर जद भी होली आती तो वो लुगाइयां नैं किमें–किमें कहता अर पानी–गारा फैंकता पर कोय भी उसतैं कुछ नीं कहती. यां बात रांडे कै हजम नीं हो री थी अर सारे ढब्बी उसका मजाक उड़ाया करते अक तैं तो भाई किसी दीन का भी कोनीं, कोयसी लुगाई तो तेरी तरफ देखती भी कोनीं. आगली होली आई तो रांडा घणी सारी राखियां खरीद ल्याया. दुकनदार भी अचंम्भे मैं पड़ग्या अक होली पै राखी का के काम? अर जद फाग शुरु होया तो लुगाइयां तैं बोल्या– ए छोरियो! मेरै पोंची बांधियो. इतणा कहना था अर छः–सात लुगाइयां नैं मिलकै मार–मार नत्थू रांडा कती लिटा लिया. रांडे के ढब्बी राज्जी होरे अक आज बात बणगी. जद घणा पिट लिया तो उसकी मां तैं नहीं रुक्या गया अर वा बीच मैं पड़गी अर बोल्ली– यो तो रामजी नैं ए मार राख्या है, बेचारे की लुगाई नैं मरे चार साल हो लिये. ए रांडो! थम छोरे नैं छेत–छेत कै कती मारोगी के? या बात रांडे कै गले नीं उतरी क्यूंक उसनैं तो पिटण मैं सुवाद सा आ रह्या था अर मर्दानगी दिखाण का मौका मुश्किल तैं थ्याया था. वो अपणी मां तैं खड़काते होये बोल्या– ए भाभी तूं बीच मैं नां पड़ै, तूं अपणा काम कर. इतना सुणते ही उसकी मां भी लेकै लट्ठ छेत्तण लाग्गी अर बोल्ली– बेईमान, नासपिट्टे तन्नैं मैं भाभी क्यूंकर बनाई?

ड्राइविंग स्टाइल

एक बर की बात है अक नत्थू किसी अंग्रेज गैल उलटी–सुलटी बतियावै था. कई भांत की बात करे पाच्छै वे ड्राइविंग के स्टाइल पै बहस करण लाग्गे. अंग्रेज बोल्या ड्राइविंग के भी अपणे–अपणे स्टाइल हैं. आस्ट्रेलिया मैं ड्राइविंग करते टैम एक हाथ स्टेयरिंग पै अर एक हाथ खिड़की तैं बाहर रखण मैं शान समझैं है. जपान मैं एक हाथ स्टेयरिंग पै अर एक होरन पै मिलैगा. अमरीका मैं एक हाथ स्टेयरिंग पै, एक अखबार पै अर दोन्नूं पैर ब्रेक पै धरैंगे. नत्थू बोल्या– भाई म्हारे इंडिया बरगी ड्राइविंग तो दुनिया मैं किते नीं मिलैगी. अंग्रेज चक्कर मैं पड़ते होये बोल्या अक इसी के खासियत है? नत्थू उसतैं बताण लाग्या– म्हारै देश मैं तो भाई ड्राइविंग करते टैम एक हाथ होरण पै, एक हाथ गेयर पै. एक कान म्यूजिक पै, एक कान मोबाइल फोन पै. एक पैर क्लच पै अर एक पैर एक्सीलेटर पै धरैंगे अर दोन्नूं आंख अगली कार मैं बैठी लुगाई पै होंगी.

बहरी रामप्यारी

एक बर की बात है अक नत्थू बोल्या सुरजे तैं अक रामप्यारी तो उसनैं बहरी लाग्गै है. सुरजा बोल्या– तेरा तो मात्था खराब है, वा क्यां तैं बहरी होण लाग्गी, उसनैं सुण ज्यै दो कोस दूर की बात. नत्थू बोल्या– नां भाई चाहे शर्त ला ले, है तो वा दांव बहरी. सुरजा बोल्या– आच्छा न्यूं बता अक तन्नैं क्यूंकर बेरा पाट्या कै वा बहरी है? नत्थू बोल्या– भाई! काल जद वा कुएं पै पाणी भरण गई तो मैं उसके धोरै जाकै धीरे सी बोल्या– आं ए! तूं मन्नैं घणी आच्छी लाग्गै है, बोल मेरे गैल ब्याह करेगी के? सुरजा बोल्या– फेर के होया? नत्थू नैं बताई फेर वा बोल्ली– देख ये सैंडल मैं आज ए ल्याई हूं, आच्छी ढाल देख लिये, कदे उलाहणा दे अक पहल्ले दिखाये नीं थे.

सेर पै सवा सेर

एक बर की बात है अक नत्थू का पोता जिद्द करण लाग्या अक दाद्दा कोय कहानी सुणा दे. नत्थू नैं कित कथा–कहाणी आवैं थी. बेचारा सारा दिन खेत मैं कस्सी–फावड़े लिये बावला होया रह्या करता पर फेर भी उसनैं जोड़–जाड़ कै अपणे पोते तैं एक कहानी सुनाई. कहानी न्यूं थी–

एक बार की बात है अक जंगल मैं एक शेर शिकार करण लिकड़ ग्या. चारूं ओर नैं भगदड़ माचगी. एक गधे नैं सोच्ची भाज्जण तैं के जान बच ज्यैगी? वो अपणी जगहां पै ए खड़्या रह्या. ज्यूं ए शेर आया तो ढिंचूं–ढिंचूं करण लाग्या. शेर नैं कदे गधा देख्या नीं था. उसनैं मन मैं सोच्ची अक बेरा नीं यो के बला है? फेर हिम्मत करकै शेर नैं बूज्झी– भाई तूं कुण है? गधा बोल्या– पहल्यां तूं बता अक तूं कुण है. शेर बोल्या अक भाई सबनैं बेरा है अक मैं तो शेर हूं. गधा बोल्या– तो फेर सुण ले मेरा भी सबनैं बेरा है अक मैं सवा सेर हूं. शेर बोल्या– तूं सवा सेर क्यूंकर होया? गधा बोल्या– सेर तो आग्गै तैं अर पाइया पाच्छै तैं, होग्या पूरा सवा सेर. ये सारी बात पेड़ पै बैठ्या एक कागा सुनण लाग रह्या था. वो बोल्या– शेर मामा! इसकी भुकाई मैं नां आइये, यो तो गधा है, कती डरपोक जानवर. पकड़ ले सुसरे नैं. शेर बोल्या– नां भाई यो जंगल है, के बेरा कदे मन्नैं ए पाड़ ले. कागा बोल्या– इसनैं तो मैं भी चोंच गैल गेर सकूं हूं. न्यूं कहकै कागा गधे के पाच्छै पै जाकै बैठग्या अर एक जोर की चोंच मारी. चोंच लागते ही गधे नैं तो पूंछ ठा दी. फेर कागे नैं पूंछ कै नीच्चै ए चोंच मार दी तो गधे नैं पूंछ तलै नैं कर दी. पूंछ कै नीच्चै दबते ही कागे नैं तो जोर का रुक्का मार्‌या– शेर मामा! बचा ले मन्नैं, मर ग्या मैं तो. शेर बोल्या– इब नीं बच सकै तूं, भाई तैं तो पाइया आले बाट तलै दब रह्या है.

वोटों की गितनी

एक बर की बात है अक लोगां के कहण तैं नत्थू रांडा सरपंच के इलैक्शन मैं उठग्या अर वो भी निर्दलीय. पूरे गांम मैं वोट मांग–मांग कै बेहाल हो लिया पर फेर भी बेचारा भूंडी ढाल हार ग्या. तड़कै दहलीज मैं खड़्या दांतण करै था तो सुरजा आग्या अर बोल्या– भाई निरे तो इसे हो हैं जो चढ़ा–चढ़ा कै खड़्या कर दे हैं अक तैं तो जीत्या ए पड़्या है, म्हारा गूंठा तो तेरै ए लागैगा. फेर समझाते होये सुरजा बोल्या– यार! इबकै हारग्या तो किमें बात नीं, मन्नैं पक्का विश्वास है अक आगली बार तैं जरूर जीतैगा. अर मन्नैं इसा लाग्गै है जणूं काउंटिंग मैं कोय रोल़ होई है पर भाई मन्नैं तो गूंठा लाया था तेरे नाम कै आग्गै, बेरा नीं फेर भी तैं क्यूंकर हार ग्या. नत्थू तो हारे पाच्छै उं ए तंग हो रह्या था अर ऊप्पर तैं सुरजे की बात सुणकै नत्थू कै तो छोह चढ़ ग्या अर बोल्या– रै ऊत के! मन्नैं तो कुल ए चार वोट मिल री हैं, घर मैं माणस आठ हैं, मैं तो इब्बे न्यूं सोच मैं पड़ रह्या हूं के वे तीन रांडे कुण है जिननैं मेरे तैं वोट घाल्ली हैं.

मां तो मां है

एक बर की बात है अक नत्थू कै ब्याह पाच्छै एक दिन उसकी मां बोल्ली– बेट्टा! मेरा हरिद्वार जाण का मन कर रह्या है. नत्थू बोल्या– ठीक सै मां तूं इतणी जिद्द कर री है तो चली ए जा. नत्थू की मां अपणी बहू तैं सब किमें समझाकै चली गई हरिद्वार. आगले दिन रोटी खाण के बखत नत्थू तैं उसकी बहू नैं थाली मैं घालकै रोटियां दे दीं तो रोटी देखते इी नत्थू बोल्या– नां भाई! मां तो मां ए हो सै. बहू बोल्ली– के बात, इसा के होग्या? नत्थू फेर बोल्या– नां भाई चाहे किमें कह ल्यो, मां तो मां ए हो सै. बहू छोह मैं आगी अर बोल्ली– न्यूं तो बता के जुलम होग्या अक बेबात मात्था फूंके ज्यैगा? इब नत्थू बोल्या– बात या है अक मेरी मां तो रोटी पै नूनी घी की एक डली धरकै दिया करती अर तन्नैं दे दिये ये सुक्खे टिक्कड़, क्यां ए तैं नां चबते, तन्नैं किमे शर्म आई? इब बहूं नैं दोन्नूं रोटी मोड़ी अर बीच मैं आच्छा चोखा घी धर दिया. फेर उसनैं ऊपरली रोटी ठाकै नत्थू तैं दिखाई अर बोल्ली– इब देख. नत्थू नैं देख्या अक उसकी बहू नैं तो घी की दो डली धर राखी थीं. देखते ही बोल्या–नां रै बहू भी मां ए हो सै.

अते पते

एक बर की बात है अक किसी जरूरी काम तैं नत्थू अपणे ढब्बी सुरजे कै घरां गया अर जाकै दरवाज्जा खुड़काया. खुड़का सुणकै सुरजे की बहू भीत्तर तैं बोल्ली– कुण है?

नत्थू बोल्या– मैं हूं.

सुरजे की बहू बोल्ली– मैं कुण?

नत्थू बोल्या– तैं सुरजे की बहू.

खाट उठा

एक बर की बात है अक नत्थू गली मैं खाट घाल्ले सो रह्या था. नत्थू के था बस उसका हाड़–हाड़ दिक्खै था. सामीं सुरजा ट्रैक्टर लिये आवै था. उसनैं तड़ातड़ कई बर होरण दिया पर नत्थू नैं जमा गौर नीं कर्या. सुरजे नैं फेर होरण दाब दिया पर वो तो चुस्क्या भी नीं अर दड़ मारे पड़्या रह्या. सुरजे कै गुस्सा तो कसूत्ता उठ्या अर जी मैं आई अक जाकै उसका गला घोंट दे पर फेर न्यूं सोचकै अक बात बढ़ ज्यैगी वो नरमाई तैं पेश आते होये बोल्या– रै पहलवान! एक बर खाट परां नैं कर ले, माड़ी सी राह हो ज्यैगी अर मैं टप ज्यूंगा. नत्थू बोल्या– तन्नैं इब पहलवान ए कह दिया तो ऊप्पर तैं ए पार ले ज्या, देखी ज्यैगी.

ट्रक टोचन

एक बर की बात है अक नत्थू अर सुरजा नाम के दो ठाल्ली आदमी जिन्हांनैं गप फोड़ण के सिवा कुछ काम नीं था, हाईवे ढ़ाबे पै बारहां रुपिये थाली आले टिक्कड़ तोड़ैं थे. उनका ध्यान आण–जाणियां मैं टिक रह्या था. इतणे मैं एक ट्रक दूसरे ट्रक नैं रास्सी तैं टोचन करकै ले जावै था तो नत्थू बोल्या– रै यो दो ट्रकां कै बीच मैं जेवड़ा क्यूंकर हवा मैं लटकै है? इणके के फेरे होणे हैं जो गठजोड़ा कर राख्या है? सुरजा बोल्या– रै तेरी खोपड़ी मैं तूड़ी भरी है के? आज तांहीं किसी ट्रक का गठजोड़ा होया है के? यो जेवड़ा हवा मैं न्यूं लटकै है क्यूंक ये दोन्नूं ट्रक आपस मैं खैंचण खात्तर बांध राखे हैं. नत्थू बोल्या– क्यूं भाई आगला के हवलदार लाग रह्या है जो पिछले नैं बांधकै ले जा रह्या है? सुरजा बोल्या– रै तरेड़! न्यूं दीखै तेरी खोपड़ी मैं तूड़ी के ऊप्पर बर्फ की सिल्ली भी धर राखी है. तो फेर तैं ए बता दे ये ट्रक बांध क्यूं राखे हैं? नत्थू बोल्या– मन्नैं दीखै या जेवड़ी दोन्नूं ट्रकां मैं उचित दूरी राखण खात्तर बांध राखी है.

सड़क का साक्का

एक बर की बात है अक नत्थू अपणी भैंस की सांकल पकड़े–पकड़े सड़क के बीचों–बीच चाल्या जावै था. पाच्छै तैं सुरजे नैं कार का कई बर होरण बजाया अक साइड मैं हो ले पर नत्थू नहीं चुस्क्या अर वो अपणी धुन मैं सड़क कै बीच मैं ए चालता रह्या. सुरजे नैं शहर जाण की जल्दी थी पर उसनैं आगै लिकड़ण की राह नीं मिल री थी. हारकै वो कार तैं उतरकै गुस्से मैं फुंकारता होया नत्थू धोरै जाकै बोल्या– क्यूं रै ये तेरे के लक्खण हैं, सारी सड़क पै फैलकै क्यूंकर चल रह्या है? नत्थू नाड़ ठाकै सुरजे की तरफ लखाया अर अपणी चाल चालता गया अर बोल्या– क्यूं सड़क तेरे बाप की है? सुरजा अपणी धौंस मैं बोल्या– हां मेरे बाप की है, परै नैं मर ले. नत्थू क्या नैं हटै था, बोल्या– तेरे बाप की है तो कह दे थोड़ी चौड़ी करवा देगा, तेरा यो फूफ्फा तो न्यूं ए चाल्लैगा.

नत्थू का पता

एक बर की बात है अक नत्थू अपणा नया फोर्ड ट्रैक्टर लेकै खाद खरीदण दिल्ली गया. ट्रैक्टर मैं कैसट ला राखी– जीज्जा तूं काला मैं गौरी घणी अर इस धुन पै वो झूमता जा रह्या था. रिंग रोड पै लाल बत्ती आई तो रुकणा पड़ ग्या अर उस धोरै आकै मोटर साईकल पै दिल्ली के दो छोरे भी डंटगे. नत्थू की टोर देखकै उनतैं डंट्या नीं गया अर चुटकी सी भरते होये एक बोल्या– ओये चौधरी! तैं के समझै अपणे आप नैं? नत्थू पै किमें तो गाने का असर था अर किमें घर तैं देस्सी घी का हलवा खाकै आ रह्या था, सो बोल्या– भाई! मैं हूं सोनीपत का बटेऊ, कदे घी आली बूरा खाणी हो तो बता दिये पता पाच्छै लिख राख्या है, पढ़ लिये. पाच्छै लिख राख्या था– नत्थू अलबेला, आटा चक्की मोड़, देस्सी ठेक्के की बगल मैं, खरखौदा.

नत्थू की बीमारी

नत्थू– डॉक्टर साब! एक बर जल्दी घर आ ज्यो. मेरे छोरे नैं ब्लेड खा लिया.
डाक्टर– इब्बे आया.
नत्थू– डाक्टर साब! रहण द्यो. दाढ़ी वास्तै मन्नैं दूसरा ब्लेड मिल ग्या है.

डाक्टर– ल्या दिखा तेरा मुंह देखूं, खोल आच्छी ढाल.
नत्थू मुंह खोलकै बोल्या– आआआआ.......
सुरजा नत्थू के मुंह मैं बैटरी चासकै बोल्या– हां बैटरी तो ठीक है.

अजब अन्दाजे

एक बर की बात है अक नत्थू कै जी मैं आई अक अपणी बड़ली बेब्बे धोरै मिलकै आऊं. तैयार होकै अर दो किलो अमरूद लेकै बेब्बे की सुसराल़ पहोंच ग्या. बडली बेब्बे धोरै गया अर पूच्छण लाग्या– बेब्बे राज्जी है के? वा बोल्ली– भाई! और तो सब राज्जी है बस खेत सुक्खे पड़े हैं अर रामजी पांच–सात दिनां मैं नीं बरस्या तो मर ज्यांगे. बातचीत होई अर चा–पाणी लिये पाच्छै वो वापिस हो लिया. फेर नत्थू नैं सोच्ची अपणी छोटी बेब्बे कै भी लगे हाथ हो आऊं अर वो उसके घरां भी पहोंच ग्या अर राज्जी–खुशी बूज्झी तो वा बोल्ली– भाई! और तो सब किमें ठीक है पर इबकै तेरे जीज्जे नैं चार लाख ईंटां का भट्ठा लगाया है अर जै राम जी बरस ग्या तो कती मर ज्यांगे. न्यूं अपणी दोन्नूं बेब्बे तैं मिल–मिलाकै नत्थू जद घरां पहोंच्या तो उसका बाब्बू पूच्छण लाग्या– आं रै तेरी दोन्नूं बेब्बे ठीक हैं नां? नत्थू बोल्या– हां बाब्बू ठीक तो दोन्नूं हैं पर एक मरैगी जरूर.

करोड़पति मैं नत्थू का कमाल

एक बर की बात है अक 'कौन बनेगा करोड़पति' मैं नत्थू का नंबर भी लाग ग्या. घणखरे सवालां के जवाब वो ठीक देता रह्या अर कर कराकै वो एक करोड़ रुपियां के सवाल धोरै पहोंच ग्या. सवाल सुणकै नत्थू कै पसीन्नां आग्या. सवाल था अक आस्ट्रेलिया की राजधानी का नाम के है? मात्थे पै हाथ धरकै भतेरा सोच्या अर जद नीं ध्यान आया तो हारकै वो बोल्या– कोन्या बेरा. अमिताभ बच्चन उसतैं शाबासी देते होये बोल्या– वा भई कमाल कर दिया. तुमने तो हरियाणा का नाम चमका दिया पर जरा उच्चारण ठीक किया करो. और आगे से आस्ट्रेलिया की राजधानी को कोन्याबेरा नहीं कोनबेरा कहा करो.

पहलवान की सुहागरात

एक बर की बात है अक नत्थू पहलवान का ब्याह होया तो उसके ढब्बी उसतैं समझाते होये बोल्ले– भाई मेरे! बहू गैल किमें नरमी तैं पेश आइये. ढंगसिर बात करिये. बिल्कुल आराम तैं रहिये अर कोए सांग ना खिंडा दिये. नत्थू हुंकारा भरता रह्या अर आखिर मैं बोल्या– ठीक है भाइयो, थम कती नां घबराओ, न्यूं के मैं बावला हूं अर थम समझारे हो तो मैं आराम तैं ए बात करूंगा. सुहागरात के दिन नत्थू अपणे कमरे मैं बड़्या तो पलंग पै घूंघट काढे उसकी बहू रामप्यारी बैठी थी. नत्थू मुस्काता होया उस धोरै गया अर फेर उसनैं धीरे सी अपणी बहूं का घूंघट ठाया अर उसकी ठोढी कै हाथ लगाकै खूब नरमी तैं बोल्या– आं ए पंजा लड़ावैगी के?

दारू छोड़ने की चाह

एक बर की बात है नत्थू कै दारू छोड्डण की जी मैं आगी तो वो डॉक्टर धोरै चल्या गया. डाक्टर बोल्या– हां भई कितणीक दारू पिया करै? नत्थू बोल्या– एक बोत्तल नैं दस पैग मैं पी जाया करूं. डाक्टर बोल्या– न्यूं कर काल तैं छः पैग लेणे शुरु कर दे. सात दिन बाद नत्थू डाक्टर धोरै फेर आया तो डाक्टर बोल्या– इब न्यूं कर चार पैग लेणे शुरु कर दे. नत्थू नैं चार पैग लेणे शुरु कर दिये अर सात दिन बाद फेर आया. डाक्टर बोल्या– वैरी गुड, इब तो तेरी दारू भतेरी कम होगी, न्यूं कर काल तैं दो पैग लेणे शुरु कर दे. नत्थू बोल्या– जी! यो काम कोनीं होवै, मर ज्यांगा मैं तो. डॉक्टर बोल्या– के बात भाई मरण की के बात है? जद इतणी कम करदी तो माड़ी सी और सही. नत्थू बोल्या– डाक्दर साब! बोत्तल के दो पैग बणाकै पीणा हांसी–खेल नीं है.

तपस्या का फल

एक बर की बात है अक नत्थू नैं हनुमान बाब्बा की कसूत्ती तपस्या करी तो हनुमान जी प्रकट होगे अर बोल्ले– बोल बच्चा क्या चाहिये? नत्थू बोल्या– बस महाराज के दर्शन होगे, और के चहिय? हनुमानजी बोल्या– नहीं बच्चा कुछ तो मांग ले आज मेरा मन बहुत प्रसन्न है. नत्थू बोल्या– जी ठीक है फेर आपकै घणी ए जी मैं आ री है तो मन्नैं एक्के वरदान दे द्यो अक मैं जो भी मांगूं वा ए बात हो ज्यै. बाब्बा बोल्या– ठीक है तुम ये टल्ली अपणे पास रख लो, इसे बजाकर जो भी मांगोगे, मिलेगा पर ध्यान रखना कि जितना तुझे मिलेगा उससे दुगुणा तेरे पड़ौसी को मिलेगा. नत्थू तो टल्ली लेकै राज्जी–राज्जी घरां गया अर जाकै टल्ली बजाकै बोल्या– हे महाराज! एक सुथरा सा बलद दे द्यो. कहते ही एक बलद उसकै आंगन मैं बंध ग्या. पड़ौसी कै उसे टैम दो बंधगे. फेर नत्थू बोल्या– हे महाराज मेरै चौबारा और बणा दे. कहते ही नत्थू कै एक अर उसके पड़ौसी कै दो चौबारे बणगे. इब नत्थू तंग होकै बोल्या– मेरे घर कै बारणै आग्गै एक कुआं खोद दे. नत्थू कै एक अर पड़ौसी कै आग्गै दो खुदगे. इब नत्थू नैं फेर टल्ली बजाई अर बोल्या– बाब्बा मेरी एक आंख फोड़ दे. अर भाई! नत्थू की एक अर पड़ौसी की दोन्नूं फूटगी. आखिर मैं बोल्या– हे बाब्बा! इब तैं मन्नैं भजा दे. खुशी मैं नत्थू जोर की कूद मारकै भाज लिया. पड़ोसी भाज्जण लाग्या तो राम जी नैं उसकी स्पीड दुगणी कर दी अर कुआं तो एक्के कूद मैं ए लिकड़ ग्या. दुखी होकै नत्थू बोल्या– ए टल्ली मैया! तैं हनुमान बाब्बे धोरै ए चली ज्या, मेरा कालजा फूंकण खात्तर तैं कुण सी घड़ी मैं उरै आई थी?

एक बड़ा पहलवान

एक बर की बात है अक नत्थू कै पहलवान्नी का शौक चढ़ग्या अर वो सवेरै अर सांझ नैं पहलवान्नी का अभ्यास कर्या करता. सवेरै–शाम रोज दंड–बैठक पेल्लै, कोरे बदाम अर दूध–घी खावै अर सेर पक्के सरसों के तेल की मालिश करै. एक दिन सुरजा ताऊ बोल्या– रै नत्थू! न्यूं बता कोय दांव भी आवै से अक न्यूं ए घी–दूध का नास करै है. नत्थू छोह मैं आकै बोल्या– ताऊ! मेरे दांव की काट नीं है किसे पहलवान धोरै भी. कदे मुकाबला करवाकै देख लिये, एक–एक नैं चित्त कर द्यूंगा. थोड़े दिनां बाद नत्थू का ब्याह होग्या अर एक दिन वो ए ताऊ फेर मिल ग्या. वो मौका चूकण आला नीं था अर उसनैं झट बूज्झी– क्यूं भाई नत्थू! तेरी पहलवान्नी किसीक चाल री है? नत्थू बोल्या–ताऊ! इब तो इसा पहलवान मिल ग्या जो मेरे सारे दांव काट मारै है अर मैं तो उसकी बस जय बोल्या करूं.

मिठाई पर हमला

एक बर की बात है अक नत्थू पहली बर शहर आया तो बजार मैं घूम्मण लिकड़ ग्या. आंत–भांत की चीजां देखकै वो अचम्भा करता रह्या अर फेर थोड़ी सी देर मैं मिठाई की एक ओड़ बड्डी दुकान देखी तो कती दंग रह ग्या. फेर वो बिणा पूच्छे ठा–ठा कै थाल मैं तैं गुलाबजाम्मण सड़पण लाग्या. दुकान का मालिक सुरजा उसकी या हरकत देखकै छोह मैं बोल्या– अरै ओ बावलीबूच! तन्नैं के मैं आंधा समझ लिया? नत्थू बोल्या– आंधा तो तूं सै ए. सुरजे नैं और गुस्सा आग्या तो वो बोल्या– तेरी सारी हरकत मन्नैं दांव दीखै हैं, बता आंधा क्यूंकर हूं? नत्थू बोल्या– तेरै सामीं इतणी मिठाई पड़ी अर फेर भी तू खा नीं रह्या, तो आंधा ए है. सुरजा हलवाई बोल्या– मिठाई खाकै मन्नैं के अपणा नास करणा है? नत्थू दूसरे थाल मैं धरी जलेबियां पै हाथ फेरते होये बोल्या– ले तैं परै नैं हट, म्हारा नास हो लेण दे, देखी ज्यैगी.

लोरी का असर

एक बर की बात है अक सुरजे का छोटला छोरा नत्थू कई देर तैं रोण लाग रह्या था. वो कई बर चुप कराण तैं भी चुप कोनीं होया तो सुरजा अपणी लुगाई तैं बोल्या– ए यो रो–रो कै सबके सिरदर्द कर रह्या, तैं इसनैं किमें लोरी गाकै सुवा क्यूं नीं देती? रामप्यारी बोल्ली– मैं तो इसतैं लोरी सुणा–सुणा कै थक ली पर यो कोनीं सोया अर पड़ोसी भी नीं सोये. सुरजा बोल्या– तन्नैं पड़ोसियां का क्यूंकर बेरा? रामप्यारी बोल्ली– मन्नैं न्यूं बेरा है अक थोड़ी देर पहल्यां वे सारे कट्ठे होकै आए थे अर आकै कहगे थे अक लोरी तैं आच्छा तो इस छोरे नैं ए रो लेण दे. लोरी सुणकै तो म्हारी नींद और उड़गी.

अक्ल की धार

एक बर की बात है अक गली मैं एक फेरीआला अवाज लगाता हांडै था– चाकू तेज करा लो, कैंची तेज करा लो. नत्थू नैं इसा आदमी पहल्ली बर देख्या था. वो बारणै आग्गै जाकै उसतैं रोककै बोल्या– रै झकोई! चाक्कू अर कैंची कै ए धार लावै अक अकल भी तेज करै है? फेरीआला बोल्या– अकल कै तो इसी धार लगाऊंगा अक याद राखैगा अर फेर चाहे क्यां ही के पेपर दे लिये पर शर्त या है अक थोड़ी भोत पहल्यां होणी चहिय.

एक कसूत्ता काम

एक बर की बात है अक सुरजे के कुर्ते मैं आग लाग री थी अर वो दड़ाछंट भाज्या जावै था. पाच्छै तैं नत्थू नैं जोर तैं रुक्का मार्या– अरै एक बर रुकिये. रुक्का कई बार मार्या पर सुरजा क्यां ए तैं नीं डंट्या अर भाजकै एक जोहड़ मैं कूद ग्या. पाणी मैं डुबकी मारते ही उसकी आग बुझगी अर वो जोहड़ तैं लिकड़ कै बाहर आग्या. फेर नत्थू धोरै आकै बोल्या– हां इब बोल के रड़क थी? नत्थू बेपरवाह सा होते होये बोल्या– इब किमें फायदा कोनी. सुरजा बोल्या– बता तो सही इसा के कसूत्ता काम था जो भूंडी ढाल रुक्के मारै था? नत्थू बोल्या– नां काम किमें खास नीं था, मन्नैं तो बीड़ी चासणी थी.

ताज महल पै नत्थू

एक बर की बात है अक नत्थू ताजमहल देखण गया. उसनैं ताज महल की एक–एक दीवार अर मीनार खूब गौर तैं देखे. इतणी सुथरी मीनाकारी देखकै वो कई देर तक वो हैरानी मैं मुंह बाए खड़्या रह्या. फेर खिड़कियां की मीनाकारी देखी तो और भी दंग होग्या. एक बर फेर चारूं कानीं देखकै हैरानी तैं बोल्या– भाई इसपै खर्चा तो किमें घणा ए आया होगा.

बीड़ी की जगह

एक बर की बात है अक नत्थू अपणे पुराणे ढब्बी कर्नल सुरजा सिंह कै घरां गया. सुरजे की बहू रामप्यारी उसतैं बोल्ली– आप बैठ ज्यो, साब तो बाथरूम मैं बड़ रे हैं. नत्थू सोफे पै बैठ ग्या अर रामप्यारी भी बैठगी. बैठते ही नत्थू नैं कुर्ते की गोज तैं बीड़ी का बंडल काढ्या अर एक बीड़ी सुलगा ली. रामप्यारी उठकै भीत्तर चली गई अर अपणे घरवाले तैं शिकायत कर दी अक आप किसे–किसे बरडूं नैं घरां बुलाओ हो जिन्हांनैं इतणी भी तमीज नीं है अक किसी की लुगाई आग्गै बीड़ी नीं पीणी चहिय. रामप्यारी की शिकायत सुणकै कमीज के बटण बंद करते–करते कर्नल सुरजा बैठक मैं गया तो नत्थू फौजी तो लाग रह्या कश खैंचण मैं. सुरजा उसतैं समझाते होये बोल्या– मेम साब कै सामीं बीड़ी नीं पीया करते. नत्थू बोल्या– क्यूं मेम साब के पैट्रोल की टंकी है जो आग पकड़ लेगी?

मुर्गी की मौत

एक बर की बात है अक सुरजे कै ट्रैक्टर तलै दबकै नत्थू की मुर्गी मरगी. नत्थू का पारा सातवें आसमान पै पहोंच ग्या अर वो उल्टी–सुलटी बकण लाग्या. फेर उसनैं लट्ठ खुड़काकै ट्रैक्टर आले तैं तलै तार लिया अर छोह मैं बोल्या– रै कसाई! तन्नैं तो मेरा घणा कसूत्ता नुकसान कर दिया, ल्या काढ़ दो सौ रुपिये. सुरजा बोल्या– भाई! मन्नैं किमें जान कै तो तेरी मुर्गी मारी नीं है अर मुर्गी तो बजार मैं सौ–सौ रुपिये मैं धक्के खावैं हैं, तेरी के न्यारी मुर्गी थी जो दो सौ मांगै है? नत्थू उसतैं समझाते होये बोल्या– थ्यावस राख, या बात तो मन्नैं भी बेरा है अक मुर्गी का भाव सौ रुपिये का है पर फेर मुर्गी की मौत का बेरा जब मुर्गे नैं चाल्लैगा तो वो के बचैगा?

नत्थू की अंग्रेजी

एक बर की बात है अक नत्थू अपणे बाब्बू गैल्यां पार्क मैं घूम्मण लाग रह्या था अर उड़ै आच्छी गहमा–गहमीं हो री थी. अचानक वो उड़ै घूमती रामप्यारी तैं टकरा ग्या. रामप्यारी तो छोह मैं आगी अर अंग्रेज्जी मैं पांच–सात गालियां बकती होई आग्गै नैं चाल पड़ी. नत्थू का बाब्बू उसकी गालियां सुणकै हक्का बक्का रहग्या. फेर वो अपणे छोरे तैं खड़काते होये बोल्या– बावलीबूच! मेरी नाक कती कटवा दी. तन्नैं तो बीए करकै पाणी फेर दिया. शर्म कर एक छोरी तन्नैं अंग्रेज्जी मैं गाल बकती रही अर तैं नाड़ झुकाये सुणता रह्या अर किमें जवाब नीं दिया. नत्थू नैं छोह आग्या अर वो तेज कदम चालकै उस छोरी धोरै पहोंच ग्या. उसका रास्ता रोककै बोल्या– टू द प्रिंसीपल, गोरमैंट हायर सेकेण्डरी स्कूल, हिसार. सर कांइडली ग्रांट मी लीव फार. ..अर जोर–जोर तैं फुल स्पीड मैं बोलकै पूरी अर्जी सुणा दी. छोरी कै किमें समझ नीं आई तो वा हाथ जोड़कै बोल्ली– हाथ जुड़वा ल्यो अर मन्नैं माफ करो. छोरी के हाथ जुड़े देखकै नत्थू के बाब्बू का तो सीना फूल ग्या. फेर वो नत्थू तैं शाबासी देते होये बोल्या– वा बेट्टे! कमाल कर दिया. नत्थू छाती चौड़ी करते होये बोल्या– बाब्बू! यो तो के कमाल था, जै वा दो मिनट और डंट ज्याती तो थर्सटी क्रो और याद थी.

भगवान का शुक्र

एक बर की बात है अक गर्मियां के दिन थे अर सांझ कै टैम नत्थू पीपल के पेड़ कै नीच्चै अपणे पांच–सात साथियां गैल बैठ्या हुक्का गुडगुड़ाण लाग रह्या था अक इतणे मैं पेड़ की टहनी पै बैठे कव्वे नैं उसके सिर पै बींठ कर दी. नत्थू करड़ी सी निगाह करकै ऊप्पर नैं देखण लाग्या पर उसका कव्वे पै तो के बस चलै था, फेर नत्थू बड़बड़ाता होया सा बोल्या– हे राम जी! तेरा शुक्र है ये भैंस नां उड़ती अर नां तो सिर पै गोस्से लिये हांडते.

गपोड़ियों के किस्से

एक बर की बात है अक सुरजा, नत्थू अर रामप्यारी बैठे गज–गज लंबी फैंके थे. सबतैं पहल्ले सुरज़ा बोल्या– मेरा बाब्बू तो इतणा कसूत्ता है अक उसनैं एक बर हिंद महासागर मैं गोता मार्‌या अर अरब सागर मैं तैं लिकड़्या. रामप्यारी बोल्ली– ज्या नैं या भी किमें तारीफ है के? मेरे बाब्बू नैं एक बर समंद्र मैं गोता मार्‌या अर गंगा जी मैं तैं लिकड़्या. नत्थू बोल्या– रै थारे बाब्बू मेरले का के मुकाबला करैंगे, मेरी सुनो, मेरे बाब्बू नैं तो एक बर बर्फ की सिल्ली पै छलांग लगाई थी अर मन्नैं तो यूं बेरा है अक वो चुस्की मैं तैं लिकड़्या था.

मेले का चाव

एक बर की बात है अक नत्थू कै गुग्गे के मेले मैं जाण का कसूत्ता चाव चढ़ ग्या. सवेरे पहल्यां वो नहा धोकै धोली पैंट अर लाल बुर्शट पहरकै कती एंडी हो रह्या था. तड़कै सात बजे ट्रैक्टर–ट्राली ल्याकै चौराहे पै खड़ी कर दी. घणखरी लुगाइयां अपणे–अपणे पीढे–मुड्ढे ले ले बैठगी. नत्थू रिफलते होये बोल्या– ए भाभी, ए ताई, ए चाच्ची जल्दी–जल्दी बैठ ल्यो, वार होण लागरी है. सामीं खाट पै बैठ्या ताऊ सुरजा बॉण बंटण लाग रह्या था अर नत्थू की लाल रंग की बुर्शट देख–देखकै उसके गात मैं कती बाकी नीं रह ग्या था. फेर नत्थू मचलकै ताऊ कानीं देखकै बोल्या– आज्या ताऊ! तन्नैं भी मेले मैं हंडा ल्याऊं. सुरजा तो पहल्यां ए भरा बैठ्या था. एकदम फूटते होये बोल्या– मन्नैं तो भतेरे मेले देख राखे हैं पर तन्नैं सिंगार करण मैं किमें कसर राख दी. हाथ मैं एक बांस और पकड़ ले अर दस–बीस गुब्बारे अर फिरकी बांध ले उसकै.

आम हैं

एक बर की बात है अक नत्थू साग–सब्जी की दुकान पै गया अर जाकै बोल्या– आम हैं के? सुरजा बोल्या– भाई क्यूं मजाक करै है, सर्दियां मैं आम कित तैं आवैं थे? आगले दिन नत्थू फेर उसी सब्जीआले़ की दुकान पै गया अर बोल्या– आम हैं के? सुरजा बोल्या– नां भाई इस मौसम मैं आम आते तो कोनीं. उसतैं आगले दिन फेर नत्थू आया अर आम की पूच्छी तो सुरजे नैं कसूत्ता छोह आग्या अर बोल्या– रै फूफ्फे कितणी बर कह ली आम कोनीं, इबकै आया तो हथौड़ा मारकै सुसरे का सिर फोड़ दयूंगा. पर नत्थू डंटण आला कित था. आगले दिन नत्थू नैं आकै फेर बूज्झी– आं रै! हथौड़ा है के? सुरजा बोल्या– नां हथौड़ा तो कोनीं. नत्थू पड़ते ही बोल्या– तो न्यूं और बता दे आम हैं के?

स्टील बाडी

एक बर की बात है अक नत्थू जमा ए कागजी शरीर ले रह्या था पर डींग गज–गज लांबी मार्‌या करता. एक दिन वो कुर्ता–पजाम्मा काढ़कै सिरसम के ते़ल की मालिश करण लाग्या तो अपणी मां तैं अपणे डोल दिखाता होया बोल्या– देख मां! मेरी बॉडी कती स्टील की है. एक बार तो अपणे छोरे कानीं देखकै रामप्यारी झुंझलाई, फेर बोल्ली– बेट्‌टा लत्ते पहर ले, नीं तो अड़ोसी–पड़ोसी तेरे इस स्टील नैं तोड़–तोड़ कै गिलास–थाली बणा लेंगे.

खूंटे की जोखिम

एक बर की बात है अक गर्मियां के दिन थे अर सांझ कै टैम सुरजा छात पै खड़्या था. वो आसमान मैं उड़ती होई रंगबिरंगी पतंगां नैं देख–देख राज्जी हो रह्या था. अचानक बेरा नीं उसतैं के ऊक–चूक होई अक वो छात तैं धड़ाम पड़ ग्या अर पड़ते ही उसके प्राण लिकड़गे. गली मैं खड़्या नत्थू यो नजारा देखै था. जिस जगहां पै सुरजा पड़्या था, उठै काटड़े बांधण का खूंटा था. खूंटे की तरफ हाथ करकै नत्थू बोल्या– भाई अपणा सुरजा मरण नैं तो मर ग्या पर शुक्र है भगवान का जै इस खूंटे पै गिर जाता तो जमा ए मर जाता.

प्यास

एक बर की बात है अक नत्थू पहल्ली बर दिल्ली गया. उसनैं जोर की तीस लाग्गी तो पाणी खात्तर प्याऊ ढूंढण लाग्या. एक मिलगी तो उड़ै रुक ग्या. इब दिल्ली की प्याऊ पै टूंटियां लागरी थी अर नत्थू नैं टूंटी देखी नीं थी. वो प्याऊ पै जाकै ओख करता अर सोचता कोय पाणी घाल्लैगा. कई प्याऊ पै गया पर पाणी कित तैं आवै था, कोय पियाणिया तो था नीं अर टूंटी उसनैं खोलणी नीं आवै थी. आखिर मैं एक इसी प्याऊ पै पहोंच ग्या जित एक टूंटी चालती मिली. नत्थू नैं जमकै पाणी पीया अर फेर गर्दन हिलाण लाग्या अक बस. पर टूंटी तो चालती रही. वा कित बंद होण वाली थी. वो फेर पीण लाग्या अक पाणी बर्बाद नां होवै. पाणी पीता गया, पीता गया अर फेर पेट फटण नैं होग्या. हारकै बोल्या रै बस कर फूफ्फा, के पाणी प्या–प्या मारैगा?

तारीख पर तारीख

एक बर की बात है अक नत्थू की सगाई होये पूरे दो साल हो लिये थे अर बेचारे नैं कई बर शादी के कार्ड भी बंटवा दिये पर ज्यूं ए शादी की तारीख धोरै आवै नत्थू सबनैं चिट्ठी लिखकै बतावै अक भाइयो शादी की तारीख कैंसल, आगली तारीख जो भी तय होवैगी फेर कार्ड मिल ज्यैगा. सारे दोस्त अर सगे भाई–बंधु घणे दुखी होगे अर हिम्मत करकै उसके दोस्त सुरजे नैं बूज्झी– भाई! दो साल तैं ब्याह की तरीख क्यूं डिगाये जाए रह्या है, किमें गड़बड़ मामला है के? इसपै नत्थू दुखी होकै बोल्या– रै भाई! मन्नैं वकील की छोरी का रिश्ता लेकै अपणी इसीतिसी करवा ली. मेरा बटा आगली तारीख लिये जा है.

मुकाबला तलवारबाजी का

एक बर की बात है अक गांम मैं तलवाराबाज्जी का मुकाबला होया तो नत्थू अर सुरजा भी जोर अजमाइश करण पहोंचगे. सुरजे नैं तलवार उठाई अर भोत पतली तार की दो तार बणा दी. लोगां नैं ताली बजाई अक इसी बारीकी अर इसा कसूत्ता निशाना. इब सुरजे की बारी आई तो उसकी तलवार के सामनैं एक माच्छर आग्या अर नत्थू नैं मच्छर धोरै तलवार घुमाई पर माच्छर उड़ ग्या. सारे बोल्ले– रै डोब दिया, माच्छर तो उड़ ग्या. नत्थू बोल्या– उड़ तो गया पर इब वो कदे बाप नीं बण सकैगा.

ताजा हवा

एक बर की बात है अक नत्थू अर उसका बाब्बू सुरजा अपणी झोट्टा–बुग्गी मैं हवा भरवाण खात्तर साईकल आले की दुकान पै गए तो एक पहिए मैं हवा भरवाकै दुकनदार तैं पूच्छ्या अक कितणे पीसे देणे हैं भाई तो दुकनदार बोल्या– पांच रुपिये दे दे भाई. नत्थू नैं हैरानी तैं बूज्झी– एक पहिए मैं हवा भरण के पांच रुपिये कद तैं लाग्गण लागे? दुकनदार बोल्या– हवा चाहे एक पहिये मैं भरो अर चाहे दोनुआं मैं, रुपिये लाग्गैंगे पांच. उसकी या बात सुणकै नत्थू का बाब्बू बोल्या– रै नत्थू! जद रुपिये पांच देणे पड़ैंगे तो दूसरे पहिये की हवा काढ़कै ताजी हवा भर ले.

काटड़े का पजाम्मा

एक बर की बात है अक नत्थू अपणी भैंस नैं पाणी प्याण जोहड़ पै जावै था. राह मैं काटड़ा रुककै चौथ करण लाग्या तो नत्थू कै कसूत्ता छोह उठ्या अर लाल–पीला होते होये बोल्या– चालते–चालते के कर नीं सकै था, तेरा के पजाम्मा धंसै था.

एक्टरों की हालत

एक बर की बात है अक एक सुथरी सी पिक्चर टीवी पै आण लागरी थी अक टीवी चाणचक बंद हो ग्या. नत्थू टीवी की मुरम्मत करण आली दुकान पै गया अर बोल्या– देखिए भाई के खराबी होगी? पिक्चर आते–आते बंद होगी. मकैनिक नैं टीवी खोल्या तो उसमैं तीन–चार मूस्से मरे पड़े थे. नत्थू मरे होए मूस्से देखकै बोल्या– पिक्चर बंद नां होवै तो के इसीतिसी करावै, इसके एक्टर तो मरे पड़े हैं.

गिनती का टंटा

एक बर की बात है अक एक पंजाबी आदमी नत्थू कै गांम तैं टपै था. चालते–चालते थक ग्या तो पाणी पीण एक कुएं पै रुक ग्या पर बेचारे का पैर तिसल ग्या अर उस कुएं मैं ए पड़ ग्या. घणे हाथ–पैर मारे पर बाहर नीं लिकड़ सक्या. सांझ नैं नत्थू घरां जावै था तो उस कुएं धोरै एक माणस की आवाज सुणकै वो अपणी झोंक मैं बोल्या– रै कुण पड़ ग्या? वो पंजाबी भाई बोल्या– अस्सी हां भई. नत्थू बोल्या– रै एक–दो होते तो काढ़ देता पर अस्सी तो कोन्या लिकड़ैंगे मेरे पै.

बैरियां के नाम

एक बर की बात है अक किसे दूसरे गांम का आदमी नत्थू के गांम मैं आग्या. सुरजे का घर ढूंढते–ढूंढते वो कई हाण तक हांडता रह्या पर फेर एक गली मैं नत्थू तैं ए टकरा ग्या. वो नत्थू तैं बोल्या– भाई! तन्नैं बेरा है के सुरजे का घर कित ओड़ नैं पड़ैगा? नत्थू बोल्या– कुणसा सुरजा? सुरजा काना, सुरजा पादड़, सुरजा बहरा, सुरजा लंगड़ा, सुरजा टूंडा, बोल कुण सा सुरजा? वो आदमी बोल्या– भाई! थारे गांम मैं कोय पूरा सुरजा नीं है, कोय काणा, कोय टुंडा, कोय लंगड़ा? नत्थू बोल्या– ये सारे पूरे ही हैं पर पिछाण की मारी नाम धर राखे हैं. असल मैं ब्याह मैं एक का न्यौता दिया करते अर सारे पहोंच कै लाडुआं का पहाड़ा सा पढ़ दिया करते, इस कारण इन बैरियां के नाम धरे हैं.

किराये पर चौबारा

एक बर की बात है अक नत्थू का चौबारा किराये पै लेण सुरजा आग्या. नत्थू बोल्या– किराये पै तो देणा ए है, तन्नैं दे दयांगे, एक बर तैं चौबारा देख ले. सुरजे नैं जाकै कमरा खोल्या तो मूस्से कलाबाती खाण लागरे थे. सुरजा कमरे का कुंडा मारकै नीच्चै आकै बोल्या– ठीक सै चौबारा तो, किराया के होगा? नत्थू बोल्या– किराया तीन सौ रुपिये. सुरजा नैं किराया किमें ज्यादा लग्या तो वो बोल्या– तीन सौ किस बात के, कमरे मैं तो मूस्से नाच रे हैं. नत्थू बोल्या– भाई तीन सौ मैं तो मूस्से ही नाच्चैंगे, बिपाशा तो नाच्चण तैं रही.

नत्थू का मार्ग दर्शन

एक बर की बात है अक बिहार का एक छोरा हरियाणे के किसी गांम मैं अपणे एक ढब्बी तैं मिलण आग्या अर ढब्बी नैं कह राखी थी अक मेरे ताऊ का नाम बूझ लिये, बस सीधा महारे घरां पहोंच ज्यैगा. बस अड्डे पै उतरते ही उसकी भेंट नत्थू तैं होगी अर बोल्या– भाई साब! ताऊ सुरजे का घर किधर पड़ता है? नत्थू नैं सोच्ची परदेस्सी है तो उसतैं 'सुथरी ढाल समझाते होये बोल्या– भाई न्यूं कर पहल्यां सीधा जाइये, अर फेर वो खंभा दिखै सै, उस खंबे तैं ओल़े हाथ नैं हो लिये अर फेर एक चाकी आवैगी, उस चाकी तैं सोल़े हाथ नैं घूमकै चौपाल कानीं चाल दिये अर फेर दस डग चाल्ले पाच्छै एक कुआं आवैगा, उसकी बगल मैं सुरजे ताऊ का मकान है. वो छोरा बोल्या– भाई साब ये ओल़ा सोल़ा क्या होता है? नत्थू कै छोह उठ ग्या अर बोल्या– रै सुसरे! मेरै ऊं ए सांस चढ़ा दिया तन्नैं, जा तेरा जी करता हो ज्यूंकर जा.

थप्पड़ का हिसाब

एक बर की बात है अक नत्थू बंबई चल्या गया. बंबई मैं एक आदमी तैं झगड़ा होग्या. नत्थू नैं छोह आया अर उस आदमी कै खैंचकै थप्पड़ जड़ दिया. वो आदमी नत्थू नैं पकड़कै थाणे मैं लेग्या अर थाणेदार तांहीं बोल्या– जी इसनैं मेरे मुंह पै थप्पड़ मार्‌या है. थाणेदार नैं सोच्ची अक यो हरियाणे का चौधरी सै अर मेरी हथेली मैं आज खाज भी आवै है, इब कर ल्यूं मुट्‌ठी गर्म. या सोचकै थाणेदार बोल्या– काढ़ रै दस रुपिये. नत्थू बोल्या– ये किस नाम के? थाणेदार बोल्या–तन्नैं इस आदमी कै थप्पड़ मार्‌या इस नाम के. इतणा सुणते ही नत्थू नैं थाणेदार कै भी एक जड़ दिया. थाणेदार बोल्या– तन्नैं मेरै क्युंकर मार्‌या? नत्थू बोल्या– जी मेरै धोरै दस रुपिये खुल्ले कोनीं थे, बीस का नोट बंध्या था, इब अपणा हिसाब बराबर होग्या.

अड़ी अड़ास की चीज

एक बर की बात है अक नत्थू सेठ के घरां चोर बड़गे अर सेठ तैं रस्सी तै बांधकै सब किमें रुपिये–पीसे, लत्ते–टूम कढ़वा लिये अर घर का और भी कीमती समान बांध लिया अर जाते टैम उनकी निगाह सेठ के ढूंगे पै टंगी पिस्तौल पै पड़गी तो चोर बोल्या– ल्या दे दे तेरी या बुआ भी. सेठ हाथ जोड़ते होये बोल्या– जी! इसनैं तो टंग्या रहण द्यो, कदे अड़ी–अड़ास मै काम आ ज्यैगी.

नत्थू का गुस्सा

एक बर की बात है अक नत्थू घरां आया तो उसकी लुगाई रामप्यारी राह चालते एक फेरीआल़े तैं टाबरां खात्तर कमीज का कपड़ा खरीदण लागरी थी. अर फेरीआल़ा कपड़े के बदले नाज लिया करता. ढाई मीटर कपड़ा लेकै रामप्यारी बोल्ली– हां भाई कितणा नाज घाल्लूं? फेरीआल़ा बोल्या– ताई! जो मर्जी हो घाल दे. रामप्यारी कटोरे भर–भर नाज के घाल्लण लाग्गी पर फेरीआल़ा किमें नीं बोल्या. नत्थू नैं यो कांड देख्या तो सोच्चण लाग्या अक आज तो चौधरण नैं खूब लुटा दिया. यो फेरीआल़ा किमें नीं बोल रह्या, चुपचाप गठरी बांधण मैं जुट रह्या है. नत्थू तैं आते देख फेरीआल़ा हावल–तावल मैं गट्ठड़ साईकल पै टिका कै चाल्लण लाग्या तो नत्थू नैं और तेज डग भरे. फेरीआल़े नैं सोच्या अक आज फंस ग्या अर साईकल छोड़कै भाज लिया. नत्थू नैं भाजकै वो पकड़ लिया अर धमकाते होये बोल्या– देखै, आज तो लूट लिया अर आगै तैं आवैगा तो दो धरूंगा कान तलै.

तात्ता तावला

एक बर की बात है अक नत्थू एक दफ्तर मैं चपड़ासी की नौकरी लाग ग्या. उसका साब भोत बिजी रह्या करता. एक दिन वो नत्थू तैं बोल्या– रै नत्थू! मेरी पैंसिल कित धरी है? नत्थू बोल्या– जी आपकै कान मैं टगरी है. उसका साब छोह मैं बोल्या– रै बावलीबूच! मेरै धोरै टैम कोनी, तावला सा बता दे किस कान मैं टंग री है?

चांद से वार्ता

एक बर की बात है अक नत्थू एक लाइन नैं कई बर गा रह्या था– 'मैंने पूछा चांद से कि देखा है कहीं, मेरे यार सा हसीं'. जद या लाइन गाते–गाते उसनैं कई बर होगी तो सुरजा बोल्या– रै तरेड़! किसी का पता ए बूज्झै है तो किसी ओड़ै–धोड़ै आल़े तैं बूझ ले, चांद नैं इतणी ऊप्पर तैं के दिखता होगा?

घर के गूदड़े

एक बर की बात है अक नत्थू घर का कामकाज तो कर्‌या नीं करता अर झूठी वाहवाही लूटण खात्तर डुगडुगी लेकै गांम मैं ढिंढोरा पिट्या करता अक मैं आकाश बांध द्यूं तो सूरज ओड़ै ए खड़्या हो ज्यागा, धरती बांध द्यूं तै रात नीं होण द्यूं, नदी बांध द्यूं तो पाणी नीं सरकण द्यूं. या बात वो बताण ए लाग रह्या था, पाच्छै तैं रामप्यारी हाथ मैं मोगरा लेकै आई अर नत्थू के सिर पै जमाते होये बोल्ली– ऊतणी के ऊत! तन्नैं लोगां नैं भुकावण का ठेक्का ले राख्या है, अपणे छप्पर मैं तैं चार दिन तैं बरसात का पाणी टपकण लाग रह्या है, घर के सारे गूदड़े खराब होगे, तेरे पै वे तैं बांधे नीं जाते, तैं धरती अर आसमान के बांधैगा?

शहद का छत्ता

एक बर की बात है अक नत्थू शहद का छत्ता तोड़ण गया अर सारी माक्खी उसकै पाच्छै पड़गी. नत्थू लांगड़ ठाकै भाज लिया पर माक्खी भी उसकी किमें लाग्गैं थीं. वे भी नत्थू के पाच्छै पड़ी रहीं अर उसकी टांट सुजा दी. नत्थू भाजकै एक जोहड़ मैं बड़ ग्या. अर गोता मारे पाच्छै जान छूटी. थोड़ी हाण पाच्छै जद माक्खी चली गई तो नत्थू बाहर आया. यो सारा नजारा तलाब धोरै बैठ्या सुरजा देखै था. नत्थू जद तलाब तैं बाहर आया तो सुरजा बोल्या– जा मेरे यार! तन्नैं यो माखियां का छत्ता भी तोड़णा नीं आया अर माखियां तैं डरता पाणी मैं डूब ग्या, जा रै तैं तो कती डूब ग्या. नत्थू एक तो पहले ही माखियां नैं सुजा राख्या था अर ऊप्पर तैं इसी बात सुण ली तो बोल्या– भाई! जद इतणी बीरबान्नी पाच्छै पड़ ज्यां तो ब्रह्मा का भी जोहड़ मैं बड़े पैंडा छूटै है, कदे पाला नीं पड़्या तेरा.

नत्थू की जानकारी

एक बर की बात है अक नत्थू बैठ्या अपणे यारां मैं डींग मार रह्या था अक उसनैं तो घुम्मण का भोत घणा शौक है अर वो दुनिया के सत्तर देस्यां मैं घूम लिया है. उसकी फालतू की चबोड़बाजी सुण–सुण कै उसका ढब्बी सुरजा बोल्या– तो भाई तन्नैं भूगोल की पूरी जानकारी इब तांहीं तो हो ली होगी? नत्थू बोल्या– नां भाई इब्बे मैं उठै तो गया ए कोनीं.

छतरी की चिन्ता

एक बर की बात है अक धर्मशाला तैं लिकड़े पाच्छै नत्थू नैं ध्यान आया अक उसकी छतरी तो उस कमरे मैं ए रहगी जित वो रात नैं रुक्या था. उल्टे पैर गया तो देख्या कमरा तो भीत्तर तैं बंद था. वो उड़ै ए खड़्या होग्या अक खुलते ही छतरी मांग लेगा. उसनैं सुण्या अक कमरे मैं बातचीत होण लागरी थी. नत्थू दरवाज्जे पै कान लगा लिये. भीत्तर एक आदमी बोल्या– रामप्यारी! ये लांबी–लांबी जुल्फ किसकी हैं? लुगाई हांसकै बोल्ली– सुरजा तेरी ए हैं. आदमी बोल्या– अर ये गुलाबी–गुलाबी ओंठ किसके हैं? लुगाई बोल्ली– तेरे हैं और किसके हैं? आदमी बोल्या– अर ये तेरी लीली–लीली आंख्यां किसकी हैं? लुगाई फेर बोल्ली अक तेरी ए हैं. नत्थू बाहर तैं रुक्का मारकै बोल्या– रामप्यारी! इब यो छतरी की हां भरवावैगा पर तैं हां नां भरिये, छतरी मेरी है.

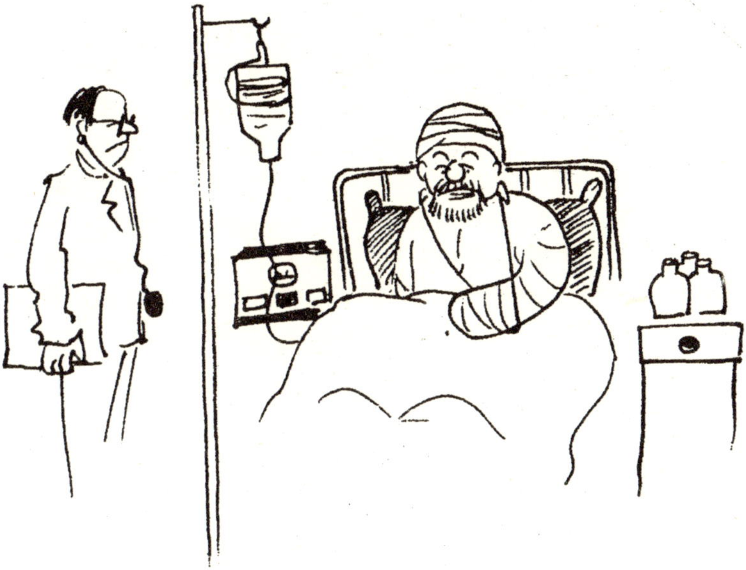

यमराज से सौदेबाजी

एक बर की बात है अक नत्थू हीरो, सुरजा सेठ अर पार्टी की नेता रामप्यारी की कार मैं जबरदस्त टक्कर होगी. लोगां नैं तीन्नूं ठाकै हस्पताल पहुंचा दिये. पर हस्पताल पहोंचते ही रामप्यारी अर सुरजा तो दम तोड़गे अर नत्थू बच ग्या. थोड़ी देर मैं डाक्टर आया तो उसनैं बूज्झी– के होया था रै? नत्थू बोल्या– जी होणा के थे, हम तीन्नूं अप–अपणी कार मैं जावां थे अर कसूत्ता भिंड़न्त होग्या. टक्कर होते ही न्यूं लग्या अक हम तीन्नूं स्वर्ग के दरवाज्जे पै खड़े हां तो यमराज आया अर बोल्या– थम तीन्नूं टाइम तैं पहल्यां आए हो, जै पचास–पचास हजार रुपिये दे द्यो तो थमनैं दुबारा धरती पै भेज द्यूंगा. यमराज की बात सुणते ही मन्नैं तो पचास हजार दे दिये अर आंख खुली तो देख्या आड़ै पड़्या हूं. डाक्टर बोल्या– अर उन दोनुआं का के होया? नत्थू बोल्या– वे तो ओड़ै स्वर्ग मैं दरवाज्जे पै खड़े हैं. सुरजा सेठ तो कहण लाग रह्या है किमें भाव ठीक लगा ले अर रामप्यारी कहण लाग री है ये रुपिये तो सरकार देगी.

बस मैं बम

एक बर की बात है अक नत्थू अपणे गांम की दस–बारहां लुगाइयां नैं लेकै गंगा जी न्हाण जा था. नत्थू एकला मर्द माणस था, इस करकै सारी जिम्मेदारी भी उसे की थी. बस आई तो वा घणी भूंडी ढाल भरी थी. फेर भी नत्थू लुगाइयां तैं बोल्या– ए चढ़ ज्यो, आग्गै जाकै बैठण की जगहां मिल ज्यैगी. ज्यूं ए बस चाल्ली नत्थू चिल्लाया– बम बम, रै धमाका होवैगा. डरैवर नैं बस एकदम रोक दी अर अफरातफरी माचगी. सारी सवारियां सैड़ दे सी तलै कूदगी. जद सारी सवारियां उतर ली तो नत्थू बोल्या– ये ल्यो, होगी भतेरी सीट खाल्ली, इब बैठो पां फैलाकै आच्छी ढाल. इतणे मैं नत्थू की या हरकत देखकै सारे कहण लाग्गे– आं रै कित सै बम? नत्थू बोल्या– भाई वो तो टाइम बम था, फूट फाट लिया, इब आ ज्यो सारे भीत्तर.

बैरा नत्थू

एक बर की बात है अक नत्थू खेत मैं हल चलाण लाग रह्या था अर गैल्यां ए गाने भी गा रह्या था पर उसनैं किमें ऊंच्चा सुण्या करता. थोड़ी देर पाच्छै सुस्ताण खात्तर उड़ै सुरजा भी आग्या पर सुरजे तैं देखते ही नत्थू नैं गाणा बंद कर दिया. सुरजा बोल्या– गा मेरे यार गा, चुप क्यां तैं होग्या? नत्थू कान का तो धनी था ए बोल्या– रै ये गा कोनीं बैल हैं. सुरजा छोह मैं बोल्या– रै गंवार. नत्थू बोल्या– ग्वार नहीं मैं तो बाजरा बीज रह्या हूं. सुरजा उसके उल्टे–पुलटे जवाब सुणकै बोल्या– वा रै वा. नत्थू बोल्या– अक वा का के जिकरा है वा तो इब्बे रोटियां लेकै आवैगी.

शहीद का सपना

एक बर की बात है नत्थू रिफलणा घणा था अर उसकै शहीद होण का घणा चाव चढ़ ग्या तो वो फौज मैं भर्ती होग्या. लड़ाई छिड़गी तो गोलियां चालण लाग्गी. आसपास के सारे फौजी गोली खा–खा शहीद होगे पर नत्थू बच ग्या. हारकै वो भी यो सोच कै जमीन पै पसर ग्या जणूं शहीद हो लिया हो. पाच्छै तैं रैडक्रास आ‌ले आगे अर डैड बॉडी ठा–ठा गाड्डी मैं पटकण लाग्गे. नत्थू तैं देखकै रैडक्रास आ‌ला बोल्या– रै! तैं तो खड़्या होले, तेरै किमें नीं हो रह्या. नत्थू बोल्या– भाई! शहीदां गैल घणे मजाक नीं कर्‌या करते.

रिश्तों का दस्तूर

एक बर की बात है अक नत्थू साईकल नैं भजाए अग्रोहा जावै था अर रास्ते मैं एक छोरी रामप्यारी पैदल जाण लाग री थी. वा नत्थू तैं देखकै बोल्ली– रै मन्नैं भी बिठा ले. नत्थू बोल्या– बिठा तो मैं ल्यूंगा पर फेर तूं मेरै गैल पहल्ले ब्याह कर लिये. रामप्यारी तो कसूत्ते छोह मैं आगी अर भूंडी–भूंडी बकण लाग्गी. इतणे मैं नत्थू तो हवा हो लिया. आगले दिन फेर नत्थू साईकल का खखाट्टा बांध रह्या था अर वा ए छोरी मिलगी. छोरी हिम्मत सी करकै फेर बोल्ली– रै बिठा ले मन्नैं भी, कॉलेज मैं देर हो री है. नत्थू की तो वा ए बात, बोल्या– तैं मेरे गैल सगाई कर लिये बिठा ल्यूंगा. रामप्यारी फेर गाली–गलौच करण लाग्गी अर नत्थू गोली हो लिया. तीसरे दिन फेर नत्थू नैं वा ए छोरी मिलगी अर बोल्ली– रै बिठा ले तो तेरा के बिगड़ ज्यैगा? नत्थू बोल्या– जै पोंची बांधैगी तो बिठा ल्यूंगा. रामप्यारी बोल्ली– रै ब्याह तैं पोंची पै क्यूंकर आ ग्या तूं? नत्थू बोल्या– तैं ब्याह–सगाई करवावै नीं अर मेरा दस्तूर है अक बगैर रिश्तेदारी तो मैं अपणे बाब्बू तैं भी नीं बिठाऊं.

पति पत्नी का नाता

एक बर की बात है अक नत्थू अर सुरजा आपसरी मैं बतलाण लागरे थे. सुरजा बोल्या– भाई मन्नैं सुण्या है अक पति–पत्नी का नाता जमा ए अटूट होवै है, उन्हांनैं कोय भी अलग नीं कर सकता. नत्थू बोल्या– भाई सुण्या तो तन्नैं ठीक ए है. जद मेरा अर रामप्यारी मैं झगड़ा होवै है तो कई बर तो घर के पांच–सात आदमी लागकै मुश्कल तैं हमनैं न्यारे–न्यारे कर पावै हैं.

लुगाई का मारा

एक बर की बात है अर नत्थू अर रामप्यारी मैं रोज झगड़ा होया करता. नत्थू उसतैं कती दुखी हो रह्या था. एक बर वे दूसरे गांम जावैं थे अर रास्ते मैं आराम करण खात्तर एक कुएं धोरै पेड़ की छांव मैं बैठगे. रामप्यारी पाणी पीण वास्तै कुएं मैं तैं पाणी काढण लाग्गी तो कुएं मैं ढह पड़ी. नत्थू यो देखकै रोवण लाग्या. नत्थू घणी हाण तक रोता रह्या तो कुएं मैं तैं देवता प्रकट होया अर बोल्या– तूं रोवै नां, मैं तेरी लुगाई नैं इब्बे काढ़ दयूंगा. डुबकी मारकै देवता हेमा मालिनी काढ़ ल्याया. नत्थू बोल्या– नां जी या मेरली तो कोनीं. देवता बोल्या–भाई! तैं तो कसूत्ता ईमानदार आदमी है, बोल के ईनाम चाहिय? नत्थू पड़ते ही बोल्या– महाराज! जै ईनाम साच्ची ए देणा है तो सुण ल्यो, मैं तो रामप्यारी तैं कतिए दुखी हो रह्या हूं, रामप्यारी नैं थम राख ल्यो अर बदले मैं जो या लुगाई काढी है मन्नैं दे दयो. रामप्यारी भी सुखी हो ज्यैगी अर मैं भी.

अकबर और नत्थू

एक बर की बात है अक बादशाह अकबर लत्ते बदलकै दूसरां के खेत्तां मैं घूम्मै था अर नत्थू अपणे खेत मैं खड़्या खरबूजे के दो ढेर लगा रह्या था. अकबर उसतैं बोल्या– आं रै! ये दो ढेर क्यूंकार बणा रह्या है? नत्थू बोल्या– यो बढ़िया खरबूजे आला ढेर तो बादशाह अकबर खात्तर है अर दूसरा तेरे बरगां खात्तर. अकबर बोल्या– भाई! बादशाह अकबर तो काबुल अर कंधार के खरबूजे खावै है, वो तेरे इन खरबूजां कै तो हाथ भी नीं लावैगा. नत्थू छोह मैं बोल्या– भाई! मैं तो काल उसकै दरबार मैं जाकै यो एक टोकरा उसतैं दे द्यूंगा अर वो नां ले तो नां सी, राजा अपणी इसीतिसी करवाओ. फेर अकबर अपणी राह चल्या गया अर आगले दिन नत्थू बण–ठण कै अकबर के दरबार मैं खरबूजे देण गया तो दोन्नूं एक दूसरे तैं पिछाणगे. एक बर तो नत्थू के पांव तलै की जमीन सी खिसकगी. इब अकबर अपणी मूच्छ्यां पै मरोड़ देते होये बोल्या– अगर मैं आपके ये खरबूजे कबूल ना करूं तो? नत्थू सारी हालत नैं भांपते होये बोल्या– जहांपनाह! मेरा जवाब तो वो ए रात वाला है.

नत्थू ने खाए थप्पड़

एक बर की बात है अक नत्थू कै एम ए पास बहू आगी अर नत्थू बेचारा आठमीं मैं भी सात बर फेल होया था. नत्थू रात नैं दारू पीकै घरां आग्या अर घरआली तैं लड़ण लाग्या. रामप्यारी बोल्ली– तन्नैं शर्म नीं आती मेरे गैल्यां लड़ते, तन्नैं बेरा नहीं मैं परैगनैंट हूं. नत्थू बेचारे कै समझ नीं आयी अक वा के कहगी. बोल्या– ठीक सै पड़ी रह. आगले दिन नत्थू अपणे ढब्बी नैं बताण लाग्या अक उसकी घरआली न्यूं–न्यूं बोल्ली, तैं बता यो परैगनैंट के होवै है? उसका दोस्त भी उसे बरगा डेढ़ अक्षर पढ़या होया था, घस्से पिलाते होये बोल्या– इसका मतलब है गुस्सा. कई दिन पाच्छै वो अर उसका यार बस मैं जाण लाग रे थे अर बस मैं घणी ए भीड़ थी. नत्थू का पैर एक छोरी के पैर पै टिक ग्या. छोरी नैं गुस्से मैं आकै उसकै थप्पड़ जड़ दिया अर गैल उसकी सहेली नैं भी खैंच कै एक दिया. नत्थू का ढब्बी बोल्या– रै के होग्या? नत्थू बोल्या– पैर पै पैर एक कै टिक्या है अर या दूसरी गैल्यां खामखाह ए परैगनैंट होयी हांडै है.

पलास्टर की पीड़ा

एक बर की बात है अक नत्थू साईकल पै जावै था अक एक जीप मैं जा भिड़्या अर सोला हाथ तुड़वा लिया. फेर उसनैं डाक्टर धोरै जाकै पलास्तर करवा लिया. सुरजा बोल्या– के बात भाई हाथ टूट ग्या? नत्थू कै तो कसूत्ता दर्द हो रह्या था अर किमें इसा बावला सवाल सुणकै छोह उठ ग्या तो पड़ते ही बोल्या– नां फैशन है, तैं भी बांध ले.

भैंस का दूध

एक बर की बात है अक नत्थू की भैंस खू गी. वो सारे गांम मैं टोहण लाग्या, जद नीं मिली तो भाज्या–भाज्या रामजी के मंदर मैं जा पहोंच्या अर बोल्या– हे राम! जी! तू मेरी भैंस टुवा दे तो एक थन का दूध तेरा. दो दिन होगे भैंस कोनीं पायी तो दूसरे दिन फेर हनुमान जी के मंदर मैं गया अर बोल्या– हे हनुमान जी! जै तूं मेरी भैंस टुवा दे तो एक थन का दूध तेरा. न्यूं करते–करते उसनैं बाकी के दो थनां का दूध भी शिवजी अर किरशन जी के नाम कर दिया. फेर नत्थू का छोरा बोल्या– आं रै बाब्बू! तन्नैं सारे थनां का दूध तो देवत्यां तैं पूज दिया, इब तेरी भैंस पा भी गई तो तूं उस भैंस का के अचार घाल्लैगा? नत्थू बोल्या– तूं एक बर मेरी भैंस पा लेण दे, इण देवत्यां नैं तो बाद मैं आप्पे देख ल्यूंगा.

रहमदिल नत्थू

एक बर की बात है अक नत्थू ट्रैक्टर–ट्राली लिये रोहतक तैं अपणे गांम आवै था. रास्ते मैं उसनैं दो आदमी मिले जो घास पाड़–पाड़ खाण लागरे थे. नत्थू ट्राली रोककै बोल्या– भाई घास क्यूं खाण लाग रे हो? घास खाणिये बोल्ले– जी के करां, काम तो मिलता नीं अर न्यूं कुण रोट्टी देगा? नत्थू बोल्या– जुलम होग्या भाई, इंसान की या हालत होगी अक घास खा–खा कै पेट भरै हैं. न्यूं करो थम मेरै चाल्लो, रामजी नैं भतेरा दे राख्या है, मेरै धोरै रहियो आराम तैं. घास खणिया बोल्या– पर म्हारै ग्यारहां टाब्बर अर दो बीरबान्नी भी हैं, देख वे आवण लागरी. नत्थू बोल्या– किमें बात नीं उन्हांनैं भी बिठाओ, जितणे घणे, उतणे ही आच्छे. थोड़ी दूर जा लिये तो वे घास खाणिये बोल्ले– भाई! तेरा दिल भोत बड़ा है, नां तो आज के जमाने मैं कौन किस की मदद करै है? नत्थू बोल्या– मदद तो के है, मेरे चार किल्ले हैं अर उड़ै कसूत्ता सामक हो रह्या है, वो चरणा है थमनैं मिलकै.

लाटरी की मन्नत

एक बर की बात है अक नत्थू रोज तड़कै उठकै दो–ढाई घंटे तक बजरंगबली की पूजा कर्‌या करता अर एक्के चीज रोज मांग्या करता– हे बजरंग बली! मेरी लाटरी लगवा दे. वो इसे ढाल चार–पांच साल तक पूजा करता रह्‌या. एक दिन उसकी पूजा तैं राज्जी होकै बजरंगबली प्रकट होग्या अर नत्थू तैं धमकाते होये बोल्या– रै बावलीबूच! कदे टिकट तो ले ले.

नत्थू के ब्याह का विज्ञापन

एक बर की बात है अक नत्थू खेत्तीबाड़ी का काम कर्‌या करता पर बैल भजा–भजा दुखी हो लिया था. न्यूं तो वो खाते–पीते घर का था पर ट्रैक्टर खरीदण का ब्योंत नीं था. उसनैं ब्याह करवाण की सोच्ची अर अखबार मैं अपणे ब्याह का विज्ञापन छपवा दिया. वो एक अखबारआले़ धोरै गया अर लिखवाया– मन्नैं एक छोरी चहिय ब्याह खात्तर, बस एक शर्त है अक दहेज मैं एक ट्रैक्टर चहिय अर आखिर मैं मंडवा दिया– जन्मपत्री गैल ट्रैक्टर की फोटू जल्दी भेजो.

तोते के होश

एक बर की बात है अक नत्थू नैं एक तोता खरीद लिया. उस धोरै पिंजरा तो था नहीं अर उसनैं एक सुतली तोते की टांग कै बांध कै पोली़ मैं एक खूंटी कै बांध दिया. कई दिनां बाद वा सुतली टूटगी अर किवाड़ खुल्ले देखकै तोता पूरी रफ्तार तैं उड़ ग्या. गली मैं सुरजा ट्रैक्टर लेकै किते जावै था अर तोता उस ट्रैक्टर मैं टकरा ग्या अर बेहोश होग्या. नत्थू नैं तोता ठाया, उसकी मलहम पट्‌टी करी अर सोच्ची सुतली तैं काम नहीं चलैगा. इस मारी उसनैं एक पिंजरा खरीद कै तोता उसमैं धर दिया. दो दिन पाच्छै तोते नैं होश आये तो पिंजरा देखकै बोल्या– हे राम! मेरे तैं जेल मैं क्यूं बंद कर दिया, ट्रैक्टर का ड्राइवर मर ग्या था के?

बच्चा भिक्षा

एक बर की बात है अक नत्थू अपणे बारणै आग्गै बैठ्‌या हुक्का पीवै था. इतणी देर मैं एक मोड्‌डा आग्या अर बोल्या– बच्चा भिक्षा. नत्थू बोल्या– मेरा तो हुक्के मैं जी सा आ रह्‌या है अर महाराज भीत्तर पीप्पे मैं जो कुछ हो, आप्पे ले जाओ. मोड्‌डा तो राज्जी होकै भीत्तर बड़ ग्या अर पीप्पे उघाड़–उघाड़ कै देखण लाग्या. सारे पीप्पे खाली थे. पीप्पे देख–दाख कै मोड्‌डा उल्टा मुड़ण नैं होया तो जैली लिये बैठ्‌या नत्थू उसकै पाच्छै खड़्‌या होकै बोल्या– ओ मोड्‌डे! जो कुछ तेरे इस झोले़ मैं है, वो इन पीप्यां मैं घाल दे, यो घर तो तेरे जिसे मोड्‌डां तैं ए चाल्लै है.

नत्थू का इंटरव्यू

– जमीन की गहराई बताओ?
– मन्नैं के सुसरी खोद कै देखी है.
– ताज महल के कितने दरवाज्जे हैं?
– तू के मन्नैं खात्ती मान रह्या है?
– कुत्ता क्यूं भौंकता है?
– साले कै कुरकुरी हो री होगी.
– तुम्हें ये नौकरी क्यूं चाहिये?
– नीं चहिय तो रोट के तेरा फूफ्फा खुवावैगा?
– 15 अगस्त कौन सी तारीख को आता है?
– या भी किमें बूज्झण की बात होई? कोय बावला भी बता देगा अक 15 का हो सै.
– 26 जनवरी कौन सी तारीख की होती है?
– जी इसका तो मन्नैं नीं बेरा.
– तुम जा सकते हो, तुम्हें ये नौकरी नहीं मिलेगी.
– तूं दे भी देता तो भी मैं के करूं था?

नहर में कंबल

एक बर की बात है अक नत्थू अर सुरजा तड़कै–तड़कै घुम्मण लिकड़गे. हांडते–हांडते दोन्नूं एक नहर धोरै पहोंचगे. इतणे मैं सुरजा बोल्या– रै नत्थू! देख नहर मैं काम्बल तिरण लाग रह्या है. नत्थू की निगाह पड़ी तो वो बोल्या– रै मुफ्त मैं काम्बल थ्या ज्यैगा, ल्या मैं डुबकी मारकै काढ़ ल्याऊं. नत्थू लत्ते तारकै तैड़ दे सी नहर मैं कूद ग्या अर कांबल धोरै पहोंच ग्या. जद वो कांबल धोरै पहोंच्या तो कांबल नैं तो नत्थू पकड़ लिया. नत्थू का तो सांस लेणा मुश्किल होग्या. असल मैं यो काला कांबल नीं काला रीछ था. इब नत्थू बेचारा अपणे आप तैं छुड़ावण लाग्या. नहर के किनारे पै खड़्या सुरजा रुक्का मारकै बोल्या– अरै घणा लालच नां करै, नीं तो डूब ज्यैगा. नत्थू बोल्या– रै मैं तो छोड़ द्यूं पर यो मेरा बटा कांबल तो कोनीं छोड़ता.

एम ए अंग्रेजी

एक बर की बात है अक गांम के एक छोरे नैं कंपार्टमैंट तोड़–तोड़ कै बीए पास कर ली. जद वो पास होग्या तो सारे बोल्ले– रै छोरे! तैं आग्गै और पढ़ ले अर अंग्रेज्जी जरूर पढ़िये क्यूंक इब हिन्दी मीडिम आल्यां नैं नौकरी कोन्या मिलती. उसकै भी जोश आग्या अर यूनीवसिटी पहोंच ग्या. अंग्रेज्जी पढ़ण की मारी एमए अंग्रेज्जी का फार्म भर दिया. मीडियम आफ इंस्ट्रक्शन मैं हिन्दी भर दिया. जद क्लर्क धोरै फार्म जमा करवाण लाग्या तो फार्म चैक करते टैम उसनैं देख्या हिन्दी मीडियम भर राख्या है तो वो बोल्या– अरै बावलीबूच! कदे एमए इंगलिश भी हिन्दी मीडियम मैं होया करै है के? छोरा बोल्या– जद बीए हिन्दी मैं हो सकै है तो या सुसरी एमए के घणी बड्डी होवै है जो हिन्दी मैं कोनीं हो सकती.

पांच मिनट

एक बर की बात है अक एक वकील अदालत मैं नत्थू गवाह तैं जिरह करण लाग रह्या था– के तन्नैं पूरा यकीन है अक पूरे पांच मिनट मैं सब कुछ खतम होग्या? वकील का यो सवाल सुणकै नत्थू बोल्या– जी हां, पूरे पांच मिनट मैं. एक सैकेंड भी कम अर नां ज्यादा. वकील बोल्या– ठीक सै तो मैं तेरा इम्तहान लेऊं हूं. नत्थू बोल्या– जी ले ल्यो, मैं के नाटूं हूं. वकील बोल्या– अपणे दोन्नूं हाथ नीच्चै नैं करकै मेरी तरफ देखता रह अर जद पांच मिनट हो ज्यां तो मन्नैं बता दिये. अर ठीक पांच मिनट पाच्छै नत्थू बोल्या– वकील साब! पांच मिनट पूरे होगे. वकील मुकद्दमा हार ग्या. जज साहब का फैसला सुणे पाच्छै वकील नैं बाहर आकै नत्थू तैं बज्झी– कमाल है भाई, तन्नैं क्यूंकर बेरा पाट्या अक पांच मिनट होगे? नत्थू बोल्या–थारे पाच्छै दीवार पै घड़ी लागरी है.

दर्द में दर्द

एक बर की बात है रामप्यारी आंगण मैं बैठी बर्तन मांजै थी अर उसकी छोरी की छोरी छात पै खेल्लै थी. अचानक बर्तनां के ढेर के पास वा छोरी धड़ाम दे सी आकै पड़ी. रामप्यारी नैं तो नत्थू तैं रुक्के मारे. नत्थू भी सैड़ दे सी छोरी नैं गोद मैं ठाकै भाज्या–भाज्या डॉक्टर कै जाण लाग्या अर उसकै गैल रामप्यारी भी चाल पड़ी. जद डाक्टर नैं उस छोरी कै मलहम–पट्टी कर दी तो भी छोरी नैं रोणा नीं बंद कर्‌या अर वा एक सांस गला पाड़–पाड़ रोती रही. नत्थू बोल्या– डॉक्टर साब! इसकै दर्द तो हो ए रह्या है, लगे हाथ इसके कान और बींध द्यो.

फेरों की चाह

एक बर की बात है अक गांम मैं ब्याह था अर बाज्जा बजै था. रामप्यारी अपणी मां तैं बोल्ली– जद यो बाज्जा बजै है नां तो मेरै किचकिची सी मचै है अर इसा जी करै है जणूं फेरे ले ल्यूं. उसकी मां नैं या बात उसके बाब्बू तैं बताई तो उसका बाब्बू बोल्या– ठीक कह सै, छोरी ब्याण जोग्गी हो री है. इब इसका ब्याह तावला करांगे. या बात उणका छोरा नत्थू भी सुणै था. सात–आठ दिन बाद गांम मैं फेर बाज्जे बजे अर इब नत्थू अपणी मां नैं बोल्या– मां! जद यो बाज्जा बजै है तो तो मेरै किचकची सी मचै है. अर इसा जी करै है जणूं फेरे ले ल्यूं. छोरे की या बात उसका बाब्बू सुणै था अर छोह मैं बोल्या– बेट्टा! न्यूं कर उस ढोल आळे कै बुड़के भर ले, इब्बे तेरा नम्बर नीं है.

सुहाना मौसम

एक बर की बात है अक बरसात होण लागरी थी अर नत्थू भैंसां नैं पाणी प्याण डिगर ग्या. आच्छा मौसम देखकै उसका काटड़ा भड़क ग्या अर कसूत्ती मस्ती मैं आकै भाज लिया. उस काटड़े की मस्ती देखकै बैं–बैं करकै भैंस भी भाज ली. नत्थू उणकै पाच्छै भाज लिया अर रिपट कै कसूत्ता पड़ ग्या अर पड़ते की कूल्हे की हड्डी टूटगी. गांम के दो–तीन आदमी नत्थू नैं ठाकै हस्पताल लेगे. एक्सरे करवाया तो डाक्टर बोल्या– भाई! तेरा तो कूल्हा कसूत्ता डिग रह्या है. नत्थू छूटते ही बोल्या– रै! वो जमाई भी तो कसूत्ता भड़क रह्या था, कूल्हा के अपणी इसीतिसी करवावैगा?

थोड़ी देर में

एक बर की बात है अक गांम मैं कई मोड्डे आगे. वे रोज परवचन करते अर लोगां कै घरां मैं रोट पाड़ते. एक दिन ताई रामप्यारी उन धोरै गई अर मोड्डे तैं बोल्ली– गुरुजी! आज म्हारै घरां जीम्मण आइयो! मोड्डा बोल्या– ठीक सै, आ ज्यूंगा. ताई के सारे घरआळे तो तड़कै खेत मैं चले गए अर वा अर उसका पोत्ता घरां रहगे. ताई बनाण लागी रोटी–सब्जी अर फेर अपणे पोत्ते तैं बोल्ली– रै नत्थू! जा ज्याकै गुरुजी नैं बुला ल्या. नत्थू भाज्या–भाज्या गया अर मोड्डे तैं चाल्लण की कही. मोड्डा बोल्या अक माई को जाकर बोल दो कि गुरु जी व्यायाम कर रहे हैं, थोड़ी देर लगेगी. छोरे कै समझ मैं नां आई अर रटता–रटता गया. सारे रास्ते मुंह मैं बड़बड़ाता रह्या– वयाम वयाम वयाम. घर जाकै बोल्या– दाद्दी! गुरुजी तो ब्यान लाग रे हैं, थोड़ी देर मैं आवैंगे.

जंगल में रेलगाड़ी

एक बर की बात है अक नत्थू रेलगाड्डी का ड्राइवर लाग ग्या. एक दिन वो गड्डी नैं पटरियां पै तैं तारकै जंगल मैं लेग्या अर थोड़ी देर बाद दुबारा लाइनां पै चढ़ा ल्याया. सारी सवारियां कै पसीने छूटगे. आगले स्टेशन पै गाड्डी रुकी तो सारी सवारियां नैं नत्थू ड्राइवर घेर लिया. सारे जणे बोल्ले जै हम मर जाते तो के होता? नत्थू बोल्या– मेरा मात्था नां खराब करो. थम नैं बेरा है मन्नैं यो क्यूं कर्‌या? सारी सवारियां एक साथ बोल्ली– हमनैं नीं बेरा तो तैं ए बता दे अक तैं म्हारी जान लेण नैं क्यूं तुल रह्या था? इब ड्राइवर नत्थू बोल्या– बात या थी अक रेलगाड्डी कै आग्गै एक आदमी आग्या था. वो कती पटरियां पै चालता आवै था अर मैं होरण पै होरण देऊं था पर मेरा बटा क्यां नैं सुणैं था. एक सवारी बोल्ली– तन्नैं वो एक बहरा आदमी बचाण खात्तर म्हारी सबकी जान खतरे मैं घाल दी, उसकै ऊप्पर तैं गाड्डी टपा देता. नत्थू बोल्या– थम बिल्कुल ठीक कह रे हो, मन्नैं भी आखिर मैं या ए सोच्ची थी अक इसकै ऊप्पर तैं गाड्डी काढ़ दयूं पर वो मेरा बटा इतणे मैं जंगल कानीं भाज लिया अर फेर मन्नैं भी उसके ऊप्पर तैं काढण वास्तै या थारी बुआ पटरी पै तैं तार कै जंगल मैं ले जाणी पड़ी.

कुत्ते का प्यार

एक बर की बात है अर नत्थू अपणे मामे कै चल्या गया. गर्मियां के दिन थे अर भयंकर आग बरसै थी. ज्यूं ए घर मैं बड़्या राम–रमीं करते होये बोल्या– मामी! भोत जोर की तीस लाग री है, किमें ठंडा सा प्या दे. उसकी मामी रोटियां पोवै थी, बोल्ली– भाई! बिलौनी मैं सीत धरी है, अर उठै ए राबड़ी धरी है, पी ज्या भरकै कचोळा. बिलौनी धोरै एक डोंगा सा धर्‌या था. नत्थू नैं सैड़ दे सी हांडी मैं तैं राबड़ी ओज ली अर घालकै सीत लाग्या खींचण. जद वो पीण लाग्या तो उसकै मामे का कुत्ता उछल पड़्या अर नत्थू की छात्ती पै आगले पंजे टेक दिये. नत्थू के आच्छी गुदगुदी भी होवै अर सीत भी खिंडै. नत्थू अपणी मामी तैं बोल्या– यो कुत्ता तो भोत लाड़ करै है. उसकी मामी नैं मुड़कै देख्या तो बोल्ली– यो किते नां तेरी कोली भरता, तैं इसके रोटियां के ढोबरे मैं सीत–राबड़ी घालकै खींचण लाग रह्या है ज्यां तैं यो तेरे पै झपटै है.

रेलगाड़ी का काम

एक बर की बात है अक मास्टर नैं टाबरां तैं घर का काम करणा दे दिया अक सब अपणी कापियां मैं रेल की लाइन बणाओ अर उसके ऊप्पर एक रेलगाड्डी खड़ी करकै दिखाओ. आगले दिन जद टाब्बर स्कूल मैं आये तो मास्टर नैं सब की कापी देखी. जद नत्थू का नम्बर आया तो मास्टर नैं देख्या अक नत्थू नैं रेल की लाइन तो बणा राखी थी पर रेलगाड्डी नीं बणाई थी. मास्टर छोह मैं आकै बोल्या– या रेल गाड्डी कुण बणावैगा? नत्थू बोल्या– जी रेलगाड्डी तो सवारियां लेकै गई. खड़ी–खड़ी के धार देवै थी, चालती रहैगी तो दो पीसे कमावैगी.

नत्थू का प्रवचन

एक बर की बात है अक गांम मैं बुध पूर्णिमा के दिन आच्छा कसूत्ता मेला भर रह्या था. रात नैं दो चार विद्वान भी आरे थे अर वे प्रवचन देवैं थे. सारी जात अर धर्म के माणस कट्ठे हो रे थे. उस धार्मिक मेले मैं अपणा प्रवचन देण वास्तै नत्थू तैं भी बुलाया गया. सबतैं पहल्यां एक सरदार जी नैं अपणा प्रवचण दिया अर खतम होये पाच्छै बोल्या– ससरिया काल. उसकै बाद नत्थू की बारी थी. वो भी खड़्या होकै धर्म–चर्चा करण लाग्या अर जद उसका प्रवचण पूरा होग्या तो पूरा हांगा लगाकै बोल्या– बोल्लो ससरिया काल की जय.

एयर होस्टेस से पंगा

एक बर की बात है अक नत्थू अपणे तोते नैं लेकै हवाई जहाज मैं किते जावै था. जहाज मैं सुथरी सी एयर होस्टेस देखकै तोता बार–बार उसनैं बुलाण खात्तर घंटी बजावै था अर एयर होस्टैस कई बर चक्कर काट–काट कै पूछगी थी के सेवा करणी है? पर हर बार तोता कह देता मैं तो न्यूं ए सुवाद ले रह्या था. नत्थू के मन मैं भी आई अक तैं भी सुवाद ले ले अर उसनैं भी कई बर एयर होस्टैस तैं बुला– बुला कै परेशान कर दिया तो एयर होस्टैस नैं सक्योरिटी आल्यां तैं शिकायत कर दी. उन्हांनैं आगले स्टेशन पै तोता अर नत्थू दोन्नूं जहाज तैं काढ़कै बाहर कर दिये. बाहर लिकड़ते टैम तोता बोल्या– नत्थू! तन्नैं उड़णा आवै है के? नत्थू बोल्या– नां भाई मेरै के पंख लाग रे हैं? मैं तो न्यूं ए सुवाद ले रह्या था. तोता बोल्या– बावलीबूच! जद उड़णा नीं आवै तो सुवाद धार काढण खात्तर लेवै था, भुगत इब.

भैंस की धार

एक बर की बात है अक नत्थू नैं अपणा सुथरा सा मकान बणा लिया अर एक भैंस भी खरीद ली. उसके घर कै धोरै ही शमशान घाट था. मुहुर्त आले दिन उसका ढब्बी बोल्या– भाई! न्यूं तो तेरे मकान के फायदे कई होंगे पर एक यो भी अक तेरे घर का कोय भी माणस पूरा होवैगा तो फूंकण खात्तर ले जाण मैं टैम नीं लाग्गैगा. फेर एक दिन सबेरै कै टैम वो भैंस का दूध काढ़ रह्या था अक एक मुर्दा आ ग्या अर लोग जोर–जोर तैं राम नाम सत है बोल रे थे. रोला सुणकै भैंस बिदकगी अर चौधरी की छात्ती मैं लात मार दी. दूसरे दिन फेर दूध काढण बैठ्या तो फेर एक मुर्दे नैं ठाये लोग पहोंचगे अर चौधरी की भैंस फेर बिदकगी. चौधरी कै कसूत्ता छोह उठ ग्या अर बोल्या– अरै सुसरो! फूंक क्यूं नां देते इस फूफ्फे नैं, अक जद या भैंस मेरी जान ले लेगी तब फूंकोगे?

दांतला फौजी

एक बर की बात है एक नत्थू कै फौज मैं भर्ती होण की जी मैं आई. भर्ती दफ्तर के अते–पते पूछकै वो भर्ती–दफ्तर पहोंच ग्या अर उड़ै जाकै लम्बी लाइन देखण लाग्या. पहल्ले तो सोच मैं पड़ ग्या अक इस लाइन मैं उसका कद सी नम्बर आया पर फेर लाग ग्या भाई लाइन मैं. नत्थू मैं एक्के कमी थी अक उसके दांत घणे बड़े–बड़े थे जणूं खम्बे पै बिजली का मीटर टांग राख्या हो. नत्थू का नंबर आया तो वो भी तन कै खड़्या होग्या. फेर कमांडर उसतैं बोल्या– तूं के करेगा भाई भर्ती होकै? इब बुड़के आली लड़ाई तो रही नीं.

हवाई अड्डे पर रामप्यारी

एक बर की बात है अक रामप्यारी अपणे छोटे–बड़े आठ बालकां नैं लेकै हवाई जहाज मैं जावै थी अर वा हैदराबाद हवाई अड्डे पै उतरी. वे आठूं बालक हवाई अड्डे पै घणा भूंडा गदर मचारे थे. रामप्यारी तो उणकी आंगली पकड़ण मैं ए रहगी थी. कोय कहवै सुसु करूंगा, कोय कहवै फैंटा दुवा दे, कोय कहवै चाकलेट ल्यूंगा. वे सारे उधम सा ठा रे थे अर रामप्यारी की नाक मैं दम हो रह्या था. वा बार–बार उनतैं धमकाकै कहवै थी– आज पाच्छै तो थम नैं ल्याऊंगी नीं. इतणे मैं सिक्योरिटी आले आगे अर बोल्ले– मैडम! ये सारे बालक आपके हैं? रामप्यारी बोल्ली– हंबै मेरे हैं, क्यूं थारा किमें बिगाड़ राख्या है के इन्हांनैं? इब वे बोल्ले– नहीं मैडम! हम तो ये पूछने आए हैं कि आपके पास कोई हथियार वगैरह तो नहीं है? रामप्यारी तो पहल्ले ही सता राखी थी, छोह मैं आकै बोल्ली– जै हथियार होता तो इब तांहीं इस्तेमाल ए नां कर देती?

फौज में भर्ती

एक बर की बात है अक सुरजा अर नत्थू फौज मैं भर्ती होण चले गये. सुरजा तो लाइन मैं लग ग्या अर नत्थू बाहर खड़ा होकै किमें सोच्चण लाग्या. थोड़ी देर मैं सुरजा उस धोरै आया अर बोल्या– आं रै! तैं किस सोच मैं पड़ रह्या है? नत्थू बोल्या– भाई! जै मैं फौज मैं भर्ती होग्या तो दो बात होवैंगी अक या तो मन्नैं बोर्डर पै भेज्या जावैगा अर या नीं भेज्या जावैगा. अगर नीं भेज्या गया तो कोय बात नीं पर भेज दिया तो दो बातां फेर होवैंगी अक या तो मैं मारा जाऊंगा अर या बच जाऊंगा. बच ग्या तो कोय बात नीं पर मारा गया तो दो बात होवैंगी अक या तो मैं धरती मैं गाड़्या जाऊंगा अर या फेर लकड़ियां मैं फूंक्या जाऊंगा. फूंक दिया तो कोय बात नीं पर गाड़ दिया तो फेर दो बात होवैंगी अक या तो मेरी कब्र पै पौधे उगैंगे अर या नीं उगैंगे. पौधे नीं उगे तो कोय बात नीं पर उग गे तो दो बात फेर होवैंगी अक या तो उस पौधे का तेल लिकड़ैगा या पौधा बेकार जावैगा. बेकार गया तो कोय बात नीं पर तेल लिकड़्या तो दो बात होवैंगी अक या तो उस तेल का साबुण बणैगा अर या फेर साबुण नीं बणैगा. साबुन नीं बण्या तो किमें नीं पर बण ग्या तो दो बात फेर होवैंगी अक उस साबुण तैं या तो कोय छोरा नहावैगा अर या कोय छोरी नहावैगी. छोरा नहाया तो किमें नीं पर कोई छोरी नहाई तो भोत घणी शर्म आवैगी. इस मारी मैं सोच्चूं फौज मैं भर्ती नां ए होऊं.

कॉटन है क्या

एक बर की बात है अक सुरजा फौज तैं रिटायर होकै आ ग्या अर भाई उसनैं हस्पताल खोल लिया. नत्थू नैं बेरा पाट ग्या. नत्थू नैं सुरजे धोरै फोन भिड़ाया. डाक्टर साब कॉटन ले रे हो के? सुरजा चौड़ा होग्या अक लोग इब उसतैं डाक्टर कहण लाग्गे. नत्थू बोल्या– हां भाई! ले रह्या हूं, बोल के काम है? नत्थू बोल्या– तैं न्यूं कर इब उसनैं अपणी गोज मैं धर ले. इतणा कहकै उसनैं फोन धर दिया. या बात नत्थू नैं कई बर करी तो सुरजा नैं मात्थे पै हाथ धर लिया. इतणे मैं नत्थू नैं दुबारा फोन करकै कह दी अक कॉटन ले रहे हो के? इब सुरजा छोह मैं बोल्या– कोनीं ले रह्या कर ले के करैगा? नत्थू बोल्या– इतणे छोह मैं आण की जरूरत कोनीं, जो गोज मैं घाल्ली थी वा काढ़ ले, जै नीं ले रह्या तो.

फौजी की चिंता

एक बर की बात है अक नत्थू छुट्टी काटकै फौज मैं गया तो उसनैं रामप्यारी तैं चिट्ठी लिखी अर आखिर मैं लिख्या– मेरा रंग दे बसन्ती चोला. रामप्यारी कै आखरी लाइन समझ नीं आई तो उसनैं इसका मतलब अपणी एक सहेली तैं बूज्झ्या. वा बोल्ली अक इसका मतलब तो कती साफ पड़्या है– चोल्ला वो जो मोड्डे पहर्या करैं अर बसंती रंग वो जो मोड्डे के चोल्यां का होया करै. रामप्यारी तो चक्कर मैं पड़गी अक इसी बात नत्थू नैं क्यूं लिखी? उसनैं धैड़ दे सी चिट्ठी का जवाब लिख्या–

हाय हाय भरी जवान्नी मैं, तूं मोड्डा क्यूंकर होग्या?
फौज मैं भर्ती होया था तूं, मोड्डा कड़ै तैं होग्या?
के गलती मेरे तैं होई जो बसंती चोल्ला पहर लिया,
खाण खेल्लेण के दिन थे, तन्नैं क्यूं यो जहर दिया?

गांव की तरक्की

एक बर की बात अक नत्थू फौजी घणे दिन बाद छुट्टियां काटण अपणे गांम आया था. गांम मैं बड़्या ए था अक एक बुड्ढा देख्या जिसकै थैली लटकै थी. असल मैं उस बेचारे का अपरेशन होया था अर वो पिशाब की थैली लटकाये चाल्लै था. माड़ी सी और आग्गै गया तो कुदरती उसा ए एक और ताऊ मिल ग्या. नत्थू कै समझ नीं आई अक यो के चाला है तो वो बोल्या– ओ बेट्टे! गांम नैं भी खूब तरक्की कर ली, मेरे पाच्छै तैं गांम के बुड्ढे भी पैट्रोल तैं चाल्लण लाग गे.

नौजवानो आगे बढ़ो

एक बर की बात है अक नत्थू फौज मैं भर्ती होग्या. भर्ती तो वो होग्या पर था वो कती भोला–सीधा अर उसनैं फौज का मास्सा भी बेरा नीं था. पहल्ले दिन जद वो परेड मैं गया तो सूबेदार बोल्या– नोजवानो! आगे बढ़ो. उसकी लाइन के सारे जवान आग्गै बढ़गे पर नत्थू अपणी जगहां पै अडिग खड़्या रह्या तो सूबेदार गरज कै बोल्या– नौजवान आगे बढ़. नत्थू बोल्या– साहब जी! नौ जवान तो गए. सूबेदार गुस्से मैं बोल्या– और तूं क्या है? नत्थू बोल्या– जी मैं तो दसवां हूं.

ट्राली के पीछे

एक बर की बात है अक नत्थू नैं बैंक तैं कर्जे का जुगाड़ करकै ट्रैक्टर–ट्राली खरीद ली अर सीधी ले जाकै सुरजे पेंटर की दुकान पै खड़ी कर दी. उसनैं अपणी ट्राली कै पाच्छै जो–जो कुछ लिखवाया वो न्यूं है–

0 जान रही तो बार–बार मिलांगे अर नहीं तो फेर हरद्वार मिलांगे
0 जगहां मिलण पै भी साइड देण की गारंटी नीं है
0 गाड्डी थारे फूफ्फे की
0 नजर लगावैगा, जूत खावैगा अर दांत तुड़ावैगा
0 चाल मेरी गाड्डी तेरा हनुमान राखा
0 चौधरी नैं फिकर नां साक्के की नां फाक्के की
0 एक साइड हो ले थारी बुआ आ री है

गाड़ी की प्रतीक्षा

एक बर की बात है अक नत्थू हिसार स्टेशन पै खड़्या रिवाड़ी आली की बाट देखै था. इतणे मैं लाऊडस्पीकर पै एक छोरी की आवाज आई अक रिवाड़ी जाने वाली गाड़ी प्लेटफार्म नंबर दो पर आ रही है. गाड्डी आण की खबर सुणते ही नत्थू तो लाइनां पै कूद ग्या तो सुरजा बोल्या– रै बावली तरेड़! मरैगा के? नत्थू बोल्या– मरैगा तो तैं मरैगा क्यूंक या छोरी साफ शब्दां मैं कहण लागरी है अक दो नंबर प्लेटफार्म पै गाड्डी आण लागरी है.

शान्ति पाठ

एक बर की बात है अक नत्थू अर सुरजा ऊंच्ची–ऊंच्ची अवाज मैं बोल्लण लागरे थे. एक सेठ नैं न्यूं सोच्या अक दोन्नूं रोला करण लागरे हैं. वो भाजकै उन धोरै आया अर बोल्या– रै चौधरियो! रोला नां करो, शांति का नाम ल्यो. उनमैं तैं एक बोल्या– सेठ जी! म्हारा रोला कोनीं हो रह्या, हम तो एक दूसरे नैं समझावां हां अक यो दूध का लोटा पी ले.

लाल बत्ती

एक बर की बात है अक नत्थू नैं लाल बत्ती पार कर ली तो पुलिस नैं पकड़ लिया अर हुंकारते होये बूज्झी– क्यूं रै! लाल बत्ती कोनीं दीखै थी के? नत्थू नाड़ तलै करकै बोल्या– नां जी! लाल बत्ती तो दांव दीखै थी पर आप कोनीं दिखे.

फौज का साला

एक बर की बात है नत्थू फौजी छुट्टी काट्टण अपणे गांम आ ग्या. गांम आकै अपणे पुराने ढब्बी सुरजे के घरां गया. उड़ै दो–चार मोल्लड़ पहल्ले ए बैठे चबोड़े मारैं थे. नत्थू भी बैठ ग्या अर बैठकै अपणी धुन मैं फौज के किस्से सुनाण लाग्या अर अपणी डींग हांकणी शुरु कर दी. नत्थू फौजी बोल्या– हम साला तो फौज में ये करता है, हम साला तो वो करता है, हम साला जहाज में बैठकर उड़ जाता है, हम साला तो खूब पीता है, हम साला तो खूब मजा करता है. उसकी बात सुण–सुण कै जद सुरजे का सब्र जमा ए खतम हो लिया तो बोल्या– रहण दे मेरे यार! तूं घणी वार तैं हम साला हम साला कर रह्या है, फौज मैं होकै तूं तो जमा ए चाला कर रह्या है. काल तक तो तूं गालियां मैं म्हारे गैल काटड़ां के ऊप्पर बैठकै उणकी पूंज्झड़ पाड़ता हांड्या करता, इब तैं फौज का साला क्यूंकर बण ग्या?

निचली परत

एक बर की बात है अक नत्थू शहर मैं नाई की दुकान पै बाल कटाण गया. उड़ै देख्या अक छोरे बाल्यां गैल मुंह भी चमकवाण लाग रे थे अर नाई उनकै कई तरहां की क्रीम रगड़–रगड़ कै मालिश कर रह्या था. नत्थू कै जी मैं आई अक तेरे पीसे तो लाग ज्यैंगे पर तेरा भी मुंह किमें देखण जोग्गा हो ज्यैगा क्यूंक उसका रंग कसूत्ता काला था. नत्थू बोल्या– भाई! मेरा भी मुंह चमका दे. उसके मुंह कानीं देखकै नाई बोल्या– अर भाई! जै मालिश करण तैं तेरे मुंह की या परत और घणी काली लिकड़ आई तो फेर के होगा?

काला कलूटा

एक बर की बात है अक नत्थू था तो घणा ए काला कलूटा अर भुंडे मुंह आल़ा पर छोरियां देखकै छेड़ण तैं बाज नीं आया करता. एक दिन वो रामप्यारी नैं देखकै बोल्या–

रेशमी सलवार कुड़ता जाली का
रूप सह्या नां जावै नखरेआल़ी का.

रामप्यारी पहल्ले तो चुप रही पर जद नत्थू नैं या लाइन गा–गा कै उसके सिर मैं दर्द कर दिया तो कसूत्ते छोह मैं बोल्ली–

रूप तेरा भी कम नीं है, पहाड़ का काग है तूं,
कांचली छोड़ कै भाज्या होया काला नाग है तूं.

ध्यानमग्न तोता

एक बर की बात है एक नत्थू नैं एक तोती पाल ली. तोती भोत उदास रह्या करती. नत्थू पै उसकी उदासी देखी नीं गई तो वो उस खात्तर एक तोता खरीद ल्याया अर उसतैं भी उसे पिंजरे मैं बंद कर दिया. तोता पूरे दिन आंख बंद करकै ध्यान मग्न रह्या करता. खाण कै टैम खा लेता पर बोलता किमें भी नीं. बस सारी हाण आंख बंद करकै बैठ्या रह्या करता जणूं तपस्या कर रह्या हो. एक दिन नत्थू नैं देख्या अक तोता उस तोती गैल इश्क लड़ाण लाग रह्या था. नत्थू नैं भोत अचरज होया अर वो तोते तैं बोल्या– यार! तूं तो बड़ा धर्मात्मा बण्या करता अर हर टैम ध्यान मग्न रह्या करता, आज के बात होगी? तोता बोल्या– रै बावले! तैं के समझ्या मैं इतणा पूजा–पाठ न्यूं ए कर्‌या करता.

किराये की बर्बादी

एक बर की बात है अक नत्थू नैं अपणे छोरे खात्तर छोरी देखण जाणा था. इसतैं पहल्यां छोरीआले नत्थू कै घरां आकै छोरे नैं देखगे थे अर पसंद भी करगे थे. नत्थू का छोरा था भी लंबा–ढाडा अर सुथरा. नत्थू अपणे घर के तीन–चार आदमियां नैं लेकै छोरी देखण पहोंच्या. एक थाली मैं चार कप चाय अर एक प्लेट बिस्कुट–भुजिया धरकै छोरी आई तो नत्थू के बाब्बू के तो होश उड़गे क्यूंक वा घणी ए काली थी जणूं भैंस की सागी बहन हो. चा–पाणी पीये पाच्छै छोरीआले बोल्ले– हां तो चौधरी साब! बताओ के सलाह है? नत्थू कै तो तन–बदन मैं आग लाग री थी, छोह मैं बोल्या– भाई! या कोयल ए दिखाणी थी तो म्हारा किराया भी क्यूं बर्बाद करवाया?

कालिये की मौत

एक बर की बात है अक कती काले स्याह छोरे की नत्थू तैं लड़ाई होगी. जद वो कालिया किमें घणी उल्टी–सुलटी बकण लाग्या तो छोह मैं नत्थू बोल्या– अरै जा नैं घणा मत बोल्लै, मन्नैं तेरे गैल लड़णा ए नीं है, जै मारती हाण तेरा हाथ भी लाग ग्या तो हाथां की कालस भी माट्टी का तेल लगाकै छुड़ाणी पड़ैगी जिस तरियां दाई नैं छुड़ाई होगी जद तूं जाम्या था अर जद तूं मरैगा तो गांम के सार कऊए तन्नैं रोण आवैंगे अर तेरे सिरहाने बैठकै कहवैंगे– हाय रै! म्हारा दाद्दा मर ग्या.

लक्स साबुन

एक बर की बात है अक कसूत्ता काला छोरा गांम मैं एक ट्यूबवैल पै नहाण लाग रह्या था. गर्मियां के दिन थे अर घूमते–घूमते नत्थू भी उड़ै ए आकै नहाण लाग ग्या. छोरा अपणे हाथ मैं लक्स साबुन की बट्टी ले रह्या था. उसनैं सारे बदन पै साबुन रगड़ी अर नहा लिया फेर छोरे नैं दूसरी बर साबुन लगाया अर फेर नहा लिया. उसनैं हटकै तीसरी बार फेर साबुन रगड़ी अर डुबकी मारण लग्या तो नत्थू तैं उसकी इस हरकत पै बोल्ले बिणा रह्या नीं गया, बोल्या– अरै रुकिये माड़ा सा, ज्यै या खाल नीच्चै तैं भी इसी ए काली लिकड़ आई तो फेर के ईलाज? इस लक्स की भी क्यूं इसीतिसी करण मैं जुट रह्या है?

न्यूं पढ़ी नमाज

एक बर की बात है अक नत्थू की अब्दुल तैं दोस्ती होगी. दोन्नू मिलकै त्योहार मनावैं, आवैं–जावैं , हांसै–खेलैं. एक दिन नत्थू जद अब्दुल के घरां गया तो अब्दुल नमाज पढ़ण मस्जिद जावै था. वो नत्थू तैं बोल्या– चाल आज तन्नैं भी नमाज पढ़ाकै ल्याऊं. नत्थू बोल्या– मन्नैं नां तो कदे मस्जिद देखी अर नां कदे नमाज पढ़ी। अब्दुल बोल्या– यार बाकी लोगां नैं देखकै तैं भी कर लिये. पहोंचगे दोन्नूं मस्जिद मैं. नमाज पढ़ण लाग्गे. नत्थू की बगल मैं एक बुड़्ढा था अर वो उसनैं देख–देख कै कदे खड़्या हो ज्यै अर कदे बैठ ज्यै. बुड़्ढा बेचारा था कुछ कमजोर, जमा ए ढाई हड्डी ले रह्या था तो बैठते टैम उसका पांव ऊक–चूक हो ग्या अर फिसल ग्या अर उसकै आग्गै जो आदमी था उसकै ऊप्पर गिर ग्या. नत्थू नैं सोच्ची अक न्यूं ए करते होंगे. उसनैं माड़ा सा पाच्छै हटकै अपणी लात आगले कै जमा दी. साथ आला बोल्या– यो के हो रह्या है? नत्थू बोल्या– न्यूं के दीद्दे फाड़कै देखै है, तैं भी आगले कै जड़ दे एक टांग, नमाज तो तन्नैं भी पढ़णी होगी?

गंजे की शामत

एक बर की बात है अक नत्थू अर सुरजा बस मैं जावैं थे. उनतैं आगली सीट पै एक गंजा बैठ्या था. सुरजा बोल्या– जै तू इसके सिर मैं एक ठोल्ला मार दे तो मैं तन्नैं पांच रुपिये द्यूंगा. नत्थू गंजे की टांट पै ठोल्ला मारकै बोल्या– और भाई रामफल के हाल है? गंजा छोह मैं पाच्छै नैं लखाया अर बोल्या– मैं रामफल कोन्या. नत्थू बोल्या– मन्नैं तो तैं म्हारे गांम का रामफल लाग्या. गंजा चुप होग्या. सुरजा फेर बोल्या– जै तूं एक ठोल्ला और मार दे तो तन्नैं पच्चीस रुपिये द्यूंगा. नत्थू नैं एक और ठोल्ला मार्या अर बोल्या– आं रै! झूठ क्यां तैं बोल्लै है, तू म्हारे गांम का रामफल ए नां है? गंजा तंग होकै आगै जा बैठ्या. सुरजे नैं सोच्ची यो तो कोनीं पिट्या. वो फेर बोल्या– नत्थू! जै तूं इसकै एक ठोल्ला और मार दे तो पचास रुपिये और द्यूंगा. नत्थू सीट तैं उठ्या अर आगै बैठे रामफल कै एक और ठोल्ला मारकै बोल्या– आं रै रामफल! तैं आड़ै बैठ्या है अर हम पाछले का सिर फोड़–फोड़ तंग हो लिए हां.

पूजा का फल

एक बर की बात है अक गांम मैं कई दिनां तैं बरसात नीं होई तो गांमआले पेरशान होगे. सारे मिलकै एक पंडत धोरै गये तो पंडत बोल्या– भाई! एक आदमी नैं देवता की पूजा करणी पड़ैगी. अगर थारा देवता खुश होग्या तो बरसात पक्की हो ज्यैगी. नत्थू तैयार हो ग्या अर कहे मुताबिक बैठ ग्या आंख मींचकै तपस्या करण अर उसकी लगन देखकै देवता राज्जी होया अर सामीं आकै बोल्या– बेट्टा! मैं भोत खुश हूं, बोल तन्नैं के चहिय? नत्थू बोल्या– महाराज जी! मन्नैं तो किमें नीं चहिय, बस म्हारे गांम मैं बारिश करवा द्यो, देवता बोल्या अक बारिश तो हो ज्यैगी पर तैं तेरे खात्तर किमें और भी मांग ले, मैं तेरी तपस्या देखकै भोत खुश हूं. नत्थू बोल्या– जी! मन्नैं तो किमें नीं चहिय. देवता नैं जोर देकै फेर कही– बेट्टा! किमें तो मांग ले. नत्थू सोच मैं पड़ ग्या अक के मांगूं? उसकै कोय चीज ध्यान मैं नीं आई तो बोल्या– महाराज जी! मन्नैं तो खूब सोच लिया किमें नीं चहिय. देवता उसतैं समझाते होये बोल्या अक इसा मौका बार–बार नीं आया करै, कुछ तो मांग. नत्थू फेर सोच मैं पड़ ग्या अक भैंस भी है, झोट्टा भी है, बुग्गी भी है, बैल अर बैलगाड्डी भी है, घर मैं बिजली भी है अर ट्यूबवैल भी लाग रह्या है. उसकै इसा कोय ध्यान नीं आया अक कोय चीज उसके धोरै नां हो. सोचकै बोल्या– महाराज! न्यूं कर एक बर फूफ्फा कह दे.

शंकर भक्ति

एक बर की बात है अक नत्थू नैं कसूत्ती तपस्या करी तो शंकर भगवान प्रकट होगे अर खुश होकै बोल्ले– मांग ले बेट्टा के मांगैगा? नत्थू राज्जी होकै बोल्या– शिवजी महाराज! मन्नैं तो एक गिटार दे द्यो. शंकर जी बोल्ले– बेट्टा! किमें ढंग की चीज मांग ले, तन्नैं भोत घणी तपस्या करी है. नत्थू बोल्या– नां जी, बस एक गिटार ए दे द्यो. शंकर जी नैं उसतैं एक बर फेर समझाया पर नत्थू नैं गिटार का पाच्छा नीं छोड्या. इब शंकर जी नैं छोह आग्या अर बोल्ले– रै बावलीबूच! जै गिटार मेरै धोरै होता तो मैं इस डमरू गैल क्यां नैं मात्था मारूं था?

हमारी जानकारी

एक बर की बात है अक एक कवि सम्मेलन मैं नत्थू नैं कह दिया अक सरकार चोर है. इतणा कहते ही उड़ै बैठ्या मंत्री भड़क ग्या अर सारे कवि भी भूंडी ढाल भड़कगे. जनता भी चिल्लाण लाग्गी अक यो सरकार नैं चोर क्यूंकर कह सकै है. नत्थू नैं सुपणे मैं भी नीं सोच्ची थी अक उसकै मुंह तैं लिकड़ी बात उलटी पड़ ज्यैगी. वो हाथ जोड़कै बोल्या– रै! थम खामखाह बिरच रे हो. मन्नैं न्यूं तो कही है अक सरकार चोर है पर न्यूं तो नीं कही अक हिंदुस्तान की चोर है अक पाकिस्तान की. स्टेज पै बैठ्या मंत्री बोल्या– तैं के हमनैं बेवकूफ समझै है, हमनैं के बेरा कोनीं कुण सी सरकार चोर है?

नत्थू का इंटरव्यू

एक बर की बात है अक एक सरकारी दफ्तर मैं क्लर्क की नौकरी खात्तर नत्थू इंटरव्यू देण गया. उड़ै जाकै उसनैं बेरा चाल्या अक महकमेआल्यां नैं पहल्यां ए सिफारिश तैं किसी का नाम पक्का कर राख्या है. इब तो बस कमेटी आले़ फोरमैलिटी के नाम पै इंटरव्यू ले रे थे. नत्थू नैं सोच्ची अक आ ही गए तो पागल बनाणियां की शक्ल देख ल्यां. जद नत्थू का नंबर आया तो भीत्तर गया अर कुर्सी पै जमकै बैठ ग्या. गुस्से मैं नां उसनैं राम–राम करी नां नमस्ते. एक मैंबर नैं उसतैं बूज्झी– अपने देश के प्रधानमंत्री का नाम बताओ. वो बोल्या– प्रधानमंत्री का नाम है चौधरी नत्थू सिंह. सारे मैंबर उसके मुंह की तरफ देखते होये बोल्ले– शर्म कर, तुझे देश के प्रधानमंत्री का नाम भी नहीं पता. नत्थू छूटते ही बोल्या– शर्म तो थम करो जो दूसरां नैं बेवकूफ बनाण की मारी इंटरव्यू ले रे हो. अर जै मैं ठीक नाम बता द्यूंगा तो के नौकरी दे द्योगे?

बावले सवाल जवाब

सुरजा– न्यूं बता अक लाड्डू अर विधायक मैं के मेल है?
नत्थू– दोनुआं नैं जद जी चाहो तोड़ ल्यो.

रामप्यारी– रै नत्थू तैं तो मेरा चांद है.
नत्थू– गऊशाला वास्तै चंदा मांगणिये हांड रे हैं.

नई ब्यावली रामप्यारी तैं सहेलियां बोल्ली– नत्थू का घर–बार किसाक है?
रामप्यारी– ए बावली! नत्थू कै तो सिर्फ घर है. बार तो है ही कोनीं.

सुरजा– एक आदमी दो बर ब्याह क्यूं नीं करा सकता?
नत्थू– भाई एक आदमी नैं एक जुर्म की सजा दो बर देणा गलत है.

रामप्यारी– टीवी पै के है?
नत्थू– के मेरा सिर है, धूल है.

रामप्यारी– आं रै नत्थू! ये कुत्ते ब्याह क्यूं नीं करते?
रामप्यारी– वे पहल्ले ही कुत्ते की जिंदगी बिताण लाग रे हैं.

छोरा– बाब्बू! इस फार्म मैं मदर टंग पूच्छी है, के भरूं?
नत्थू– लिख दे मां की जीभ भोत लंबी है.

सुरजा– मरते होये माणस तैं के देणा चहिय?
नत्थू– बिरला सिमेंट.

सुरजा– रै नत्थू भीत्तर नैं हो ले दरवाज्जे मैं बैठकै पेपर क्यूं देवै है?
नत्थू– रै बावली बूच! यो एंटरेंस टैस्ट है.

सुरजा– अक्ल बड़ी अक भैंस?
नत्थू– दोनुआं के जन्म की तारीख बता पहल्ले.

रामजी के करतब

एक बर की बात है अक गांम मैं नत्थू अपणे दाद्दे की गोद मैं बैठ्या था. नत्थू के था जणूं बबुआ बैठ्या हो. गौरे रंग अर गुलाबी ओंठ आला सुथरा सा टाब्बर. छोरा अपणे दाद्दे के चेहरे की झुर्रियां अर टूटे दांत देखकै बोल्या– दाद्दा! न्यूं बता अक तूं भी रामजी नैं ए बणाया था के ? दाद्दा बोल्या– हां बेट्टा! आज तैं बियासी साल पहल्ले रामजी नैं ए मैं बणाया था. फेर नत्थू बोल्या– अर मैं भी रामजी नैं बणाया हूं के? दाद्दा बोल्या– हां बेट्टा, तैं भी छः साल पहल्ले रामजी नैं ए बणाया था. नत्थू बोल्या– दाद्दा! या बात तो मानणी पड़ैगी अक पहल्ले के मुकाबले माणस तो रामजी आजकाल सुथरे बनाण लाग्या.

तैयार हो जाओ

एक बर की बात है अक नत्थू कै बड़े भाई सुरजे के ब्याह की तिथि पक्की होगी थी पर मुश्किल मैं नत्थू पड़ रह्या था. गांम की कोय भी बुढ़िया उसतैं टकराती तो सैड़ दे सी बोलती– आं रै! तेरे भाई का तो इब ब्याह हो ज्यैगा अर आगला नंबर तेरा ए है, तैयार हो ले. या बात सुण–सुणकै वो बेहाल हो लिया था अर गांम की लुगाइयां नैं सबक सिखाण की सोच्चै था. पांच–सात दिन पाच्छै गांम मैं रामप्यारी की दाद्दी का सुरगवास होग्या. सारा गांम कट्ठा हो रह्या था. नत्थू नैं बदला लेण का मौका मिल ग्या. वो सारी बूढ़ियां नैं टोह–टोह कै कहवै था– इसका तो सुरगवास हो लिया, इब आगला नम्बर तेरा ए सै, तैयार हो लिये.

बोल्ली के तेवर

एक बर की बात है अक गांम मैं एक तीन–चार साल का बालक राह चालते ट्रक कै तलै कुचला ग्या. जान लिकड़ण मैं दो मिनट भी नीं लगे. गांम के लोग कट्ठे होकै उसनैं गाड्डण चाल पड़े. जद गढ्ढा तीन फुट का खुद ग्या तो एक आदमी बोल्या– बस करो इब, थमनैं तो यो इतणा चौड़ा खोद मार्‌या अक चाहो तो इसमैं तो दो गाड़ ल्यो. नत्थू भी उड़ै ए खड़्या था. खड्डे मैं झांकते होये वो बोल्या– रै भूंडा नां बोल्लै नीं तो तड़कै नीं ल्यावांगे.

पुजारी का ईलाज

एक बर की बात है अक नत्थू नैं किमें काम नीं मिल्या तो चार–पांच मंत्र अर दो–चार आरतियां के रट्टे मारकै वो किसी मंदिर मैं पुजारी लाग ग्या. मंदिर मैं चढ़ावे का माल चेप–चेप कै नत्थू की तो तोंद लिकड़ आई. एक बर निर्जला एकादशी नैं छकमां तरबूज अर खरबूजे खा–खा कै नत्थू पुजारी कै दस्त लाग गे. बेचारा पहोंच ग्या डाक्टर धोरै. डाक्टर नैं सारी रामकहाणी सुणकै दो–चार पुड़िया कैपसुल दे दिये. दवाई हाथ मैं पकड़ते होये नत्थू बोल्या– जी! किमें परहेज हो तो बता द्यो. डाक्टर बोल्या– और तो सब ठीक है पर दो–चार दिनां तक तैं शंख भूलकै भी नां बजाइये.

अंगुली पर अंगूठा

एक बर की बात है अक नत्थू नैं देख्या कै सुरजा अपणा अंगूठा पहली आंगली पै घुमाण लाग रह्या था. उसनैं सुरजे तैं बूज्झी– आं रै! यो अंगूठा अपणी आंगली पै क्यूंकर घुमा रह्या है? सुरजा बोल्या– भाई! सुवाद आवै है. या सुणकै नत्थू नैं भी उसकी ढाल अंगूठा घुमाणा शुरु कर दिया. फेर बोल्या– आं रै! मन्नैं तो किमें सुवाद आया नीं. सुरजा बोल्या– आवै क्यूंकर नाक मैं आंगली देई थी?

घंटाघर चौक

एक बर की बात है अक दिल्ली के घंटाघर चौक की घड़ी खराब होगी तो घड़ियां का मकैनिक नत्थू उसकी मुरम्मत वास्तै घंटाघर के ऊप्पर चढ़ ग्या. जद वो घड़ी ठीक करकै तलै आवै था तो नीच्चै खड़्या एक आदमी बोल्या– आं रै! के करै था? उसका इसा बावला सवाल सुणकै नत्थू बोल्या– भाई! तलै तैं टैम नहीं दिख्या टैम देख कै आया हूं.

किस बात की लाइन

एक बर की बात है अक नत्थू किसी काम तैं शहर गया तो एक जगहां लांबी लाइन लाग री थी. नत्थू भी जाकै लाइन मैं लाग ग्या अर आगले तैं बूज्झण लाग्या– आं रै भाई! या लाइन क्यां खात्तर लाग री है? आगला आदमी बोल्या– बोलबाल्ला खड़्या रह, सारे यो ए सवाल पूच्छण खात्तर लाइन मैं लाग रे हैं अक या लाइन किस बात की है?

बहू का कद

एक बर की बात है अक नत्थू के रिश्ते आणे शुरु होगे. नत्थू छोरी देखै अर नाट ज्यै. नाटता रह्या तो रिश्ते आणे बंद होगे. इब नत्थू एड्डी ठाकै बाट देखै. एक दिन किसे गांम तैं रामप्यारी का रिश्ता आया तो नत्थू रामप्यारी देखण चाल पड़्या. घरां आकै बोल्या– छोरी तो छोटे कद की है. उसका बाब्बू बोल्या– किसी छोटी अर किसी लांबी, बावलीबूच फेर या बी कोनीं पावैगी. बाब्बू नैं धक्के तैं ब्याह करा दिया अर नत्थू छोटी–छोटी करता ए रह ग्या. कई दिनां बाद नत्थू अर रामप्यारी सब्जी खरीदण बजार गए. दुकनदार नैं घीया दिखाई. नत्थू बोल्या– दूसरी घीया दिखा या तो छोट्टी है. रामप्यारी बोल्ली– ल्या घीया मन्नैं दे दे, यो बीजमरणा छोट्टी–छोट्टी करता न्यूं ए मर ज्यैगा.

थाने का पता

एक बर की बात है अक किसी काम तैं नत्थू शहर मैं आया अर स्टेशन पै ए उसका झोला किसी नैं धक्का–मुक्की करकै खोंस लिया. नत्थू धोरै खड़े आदमी तैं बोल्या– भाई साब! यो थाना कित सी है? वो आदमी मसखरी करते होये बोल्या– किसी के सिर पै ईंट मार, वो आप्पे भाज्या थाने मैं जावैगा, तू भी उसके पाच्छै–पाच्छै हो लिये. नत्थू भी एंडी था. उसनैं धोरै पड़्या पत्थर ठाया अर उस राह बताणिये कै सिर मैं दे मार्‌या. वो बोल्या– रै तन्नैं यो के कर्‌या? नत्थू बोल्या– इब चाल आग्गै–आग्गै अर मन्नैं थाने का राह बता.

बालक की पहचान

एक बर की बात है अक नत्थू समुद्र कै किनारे बैठ्या था. थोड़ी सी दूर पै एक बालक आंदले भर–भर रेत उड़ाण लाग रह्या था अर रेत नत्थू की आंख्यां मैं बड़ण लाग री थी. नत्थू धोरै बैठी एक लुगाई तैं बोल्या– यो बालक तेरा सै के जो माट्टी उड़ाण लाग रह्या है? वा बोल्ली– यो तो मेरा भाणजा है अर मेरा टाब्बर तो वो है जो तेरी छतरी तोड़ण लाग रह्या है.

खुरापाती सवाल

कई बार सवाल करणिये भी गजब कर दे हैं. जो चीज सामनैं पड़ी दीखती हो, उसकै बारे मैं भी पूछ–पूछकै दिमाग फेल कर दे हैं. फेर इसे बावले सवालां के जवाब भी बावले ही हो सकै हैं–

1. बैठ्या सै के भाई?– नां कुल्लाबाती खाऊं सूं.
2. खेत मैं हो आया के?– नां भाई मदरसे मैं गया था.
3. रोट्टी खावै है के?– नां ज़हर खाऊं सूं.
4. हुक्का पी गेर्या के?– नां सुलफा पीऊं सूं.
5. सो ग्या भाई– नां टरैक्टर चलाऊं सूं.
6. खेत मैं चाल पड़्या के?– नां छात पै चढ़ूं हूं.
7. जाड़्या मान ग्या के? नां जल ग्या, लू मारगी.
8. म्हैंसा नैं पाणी प्या ल्याया के?– नां जोहड़ पै गधे ले ग्या था.
9. पाणी फेर रह्या है?– नां भाई राल़ा सै.
10. जूतियां पहर रह्या है के?– नां भाई फावड़े मैं पैर दे रह्या हूं.

आपस की झकझक

एक बर की बात है अक नत्थू अर सुरजा पक्के याड़ी थे. दोनुआं की आपस मैं खूब बण्या करती अर जद बिगड़्या करती तो भी खूब बिगड़्या करती अर फेर वे आग्गा–पाच्छा किमें नीं देखते. एक उणकी खास बात या भी थी अक जद उणकी लड़ाई होज्या करती तो वे अपणे आप सुलह करकै झगड़ा खतम भी कर लिया करते. एक दिन वे दोन्नूं किसे काम तैं रेलगाड्डी मैं बैठकै किते जावैं थे. टैम पास करण वास्तै वे दोन्नूं ताश खेल्लण लाग्गे. खेल–खेल मैं दोनुआं का घमासान माच ग्या अर दोन्नूं एक दूसरे तैं मुंह मोड़कै बैठगे. थोड़ी देर बाद नत्थू कै बेरा नीं के सूझी अक उसनैं रेलगाड्डी की खिड़की जोर तैं बंद कर दी. सुरजे नैं गुस्से मैं आकै पूरा हांगा लगाकै वा खिड़की खोल दी. इस तरियां करते–करते घणी हाण तक दोन्नूं जणे कदे खिड़की नैं खोल देते अर कदे खिड़की नैं बंद कर देते. कई देर बाद जद नत्थू नैं खिड़की बंद करी तो सुरजे नैं खोल्लण की टाल कर दी. नत्थू नैं पहले तो बाट देखी फेर झगड़े नैं खतम करता होया सा बोल्या– रै झकोई चाल, इब तेरी बारी आ री है.

टाइम का तोड़ा

एक बर की बात है अक एक ठिगणे कद का आदमी नत्थू तैं मिलण आया. कद के था कती चार बिलात ले रह्या था. अर नत्थू था छह फुट तीन ईंच लाम्बा. वो नत्थू धोरै बैठ्या न्यूं लागै जणूं हॉकी धोरै गिण्डी टिका राखी हो. नत्थू उसतैं बोल्या– आं रै! तैं इतणा ठिगणा क्यां तैं रह ग्या? वो ठिगणा बोल्या– भाई! तेरे तैं के छिपाऊं बात या है अक मैं सवेरे तैं शाम तांहीं तो काम करूं हूं अर रात नैं पड़कै सो जाऊं हूं, बधण का टैम ए कोनीं मिल्या.

नाई का सवाल

एक बर की बात है अक नत्थू बाल कटाण नाई की दुकान पै गया. घुसते ही नाई का चेल्ला बोल्या– बैठो साब. नत्थू बैठ ग्या तो वो चेल्ला बूज्झण लाग्या– साब छोट्टे कर दयूं? सवाल सुणकै नत्थू मसखरी करते होये बोल्या– भाई न्यूं बता बधा भी देगा के?

थक गया

एक बर की बत है अक सुरजे अर नत्थू नैं किमें घणी ए दारू पी ली. अर जब उनके कुत्ते कती फेल होगे तो गांम के बाहर एक बाग मैं जाकै धींगामस्ती करण लाग्गे. अर आखिर मैं एक अमरूद के पेड़ पै उल्लू की ढाल उल्टे लटकगे. थोड़ी देर पाच्छै नत्थू धड़ाम दे सी तलै पड़ ग्या तो सुरजा बोल्या– नत्थू के बात थक ग्या के? नत्थू बोल्या– नां भाई थक्या कोनीं, पक ग्या.

पैसे वसूल

एक बर की बात है अक नत्थू अर सुरजा पहल्ली बरी फिलम देखण गये. सस्ते के चक्कर मैं आगै की टिकट ले ली अर सबतैं पहल्ली पांत मैं बैठगे. फिलम मैं एक शेर आ ग्या तो नत्थू उठकै भाज्जण लाग्या. सुरजा बोल्या– रै बावली तरेड़! या तो फिलम है, यो शेर असली का कोनीं. नत्थू बोल्या– भाई! तन्नैं बेरा सै या फिलम है अर मन्नैं भी बेरा सै अक या फिलम है पर शेर नैं तो कोनीं बेरा अक या फिलम है. फेर कुछ दिनां बाद वे दोन्नूं शोले पिक्चर देखण गए. गब्बरसिंह बोल्या– कौन हैं वे दोनों? इतणा सुनते ही दोन्नूं हाथ जोड़कै खड़े होगे अर बोल्ले– जी हम बहादुरगढ़ के चौधरी हां जी. फेर वीरू बोल्या– वसन्ती! इन कुत्तों के सामने मत नाचना. नत्थू बोल्या– नाच्चै क्यूंकर नीं, 50–50 आली ले राखी हैं.

लड़ाई की साइड

एक बर की बात है अक नत्थू अर सुरजा बतलावैं थे–

सुरजा– आं रै! तेरे पाच्छै शेर लाग ज्यै तो तूं के करैगा?

नत्थू– मैं भी भाज ल्यूगा.

सुरजा– शेर भी तेरै पाच्छै भाज ले तो?

नत्थू– तो मैं और तेज भाज ल्यूंगा.

सुरजा– शेर भी और तेज भाज ले तो?

नत्थू– मैं भाजकै पेड़ पै चढ़ ज्यूंगा.

सुरजा– शेर भी भाजकै पेड़ पै चढ़ ग्या तो?

नत्थू– तूं पहल्ले न्यूं बता शेर कानीं है अक मेरै कानीं?

एसएमएस

एक बर की बात है अक नत्थू नैं अपणे मोबाइल तैं सुरजे धोरै कई एसएमएस भेजे तो सुरजा बोल्या– ओ बावलीबूच! तैं सारे एसएमएस दो–दो बर क्यूं भेज्जण लाग रह्या है? नत्थू बोल्या– बावलीबूच कहण की जरूरत नीं है, मैं इस मारी दो–दो भेज रह्या हूं अक तैं एक नैं आग्गै भेज्जै तो दूसरा तो तेरे धोरै रह ज्यैगा.

मंगते की फरियाद

एक बर की बात है अक नत्थू सेठ जद भी दुकान खोलता तो एक भिखमंगा उसकी दुकान पै आकै मांगणा शुरु कर देता. उसतैं घणा तंग होकै नत्थू सेठ एक दिन उसतैं बोल्या– अरै यार! तन्नैं और कोय नीं मिलता जो रोज सवेरै–सवेरै उरै खड़्या हो ज्यै है? मंगता बोल्या– भाई! गुस्सा तो करै मत अर जै तन्नैं आच्छा नीं लागता हो तो मेरा महीन्ना बांध दे.

गाय की धार

एक बर की बात है अक नत्थू गाय की धार काढण बैठ्या ए था अक बैठते ही गाय नैं नत्थू कै एक लात कसूत्ती बिठा दी. कुछ देर तो पीठ मसली, फेर गोड्यां पै हाथ धरकै खड़्या होया अर आच्छी तगड़ी रस्सी ल्याकै गाय की टांग बांध दी अर दुबारा धार काढणी शुरु करी. नत्थू नैं धार काढणी शुरु ए करी थी अक इतणे मैं गांम का एक आदमी उस धोरै आ बैठ्या अर बोल्या– रै! यो अपणे गांम का मोड्डा कित गया, खबरां तो भोत आवैं हैं पर पता चाल्या नीं मास्सा भी. नत्थू की पीठ मैं कसूत्ता दर्द हो रह्या था, उस आदमी की बेमौके की बात सुणकै और आग सी लाग्गी तो बोल्या– यो धार मैं काढ़ दिया सै तेरा मोड्डा, तड़कै नूनी घी गैल लिकड़ैगा.

नौकरी की छुट्टी

एक बर की बात है अक नत्थू की एक स्कूल मैं चपड़ासी की नौकरी लागगी. स्कूल टैम कै बाद वो मास्टरां का छोटा–मोटा काम भी कर दिया करता. एक दिन नत्थू नौकरी छोड़कै गांम मैं उल्टा आ ग्या अर न्यूं नीं बतावै अक के बात होई? असल मैं होया न्यूं था अक एक मास्टर जिसका नाम चौपड़ा था उसके घर मैं नत्थू सर्दियां मैं गर्म कपड़ां कै धूप लगावै था. काम कर कराकै वो थोड़ी देर वास्तै चौपड़ा साब कै कमरे मैं सो ग्या था. सो ग्या तो पकड़ा गया अर पकड़े जाण पै चौपड़ा साब नैं उसतैं नौकरी तैं काढ़ दिया. घर मैं सबनैं बूज्झी अक नौकरी छोड़कै आण का के कारण पर नत्थू नैं किसे तैं भी नीं बताई. फेर एक दिन उसका ढब्बी उसतैं ठेक्के पै लेग्या अर छक कै प्या दी. इब उसनैं कुरेद–कुरेद कै नत्थू तैं बूज्झी अक भाई के बात होगी जो तैं नौकरी ए छोड़ आया? नत्थू बोल्या– भाई! नौकरी तो मौज की थी पर एक दिन चौपड़ा साब नैं किसी बात पै गाल दे दी तो मेरे मुंह तैं लिकड़ ग्या– रै! तूं कढ़ै का चौपड़ा साब है, सुसरे! रोट्टी तो बिणा चुपड़ी खावै, नाम धर राख्या है चौपड़ा. तू कित का चौपड़ा है? तेरा नाम तो सूखड़ा होणा चहिय था. इतणी कही थी अक उसनैं तो मैं नौकरी तैं ए कढ़वा दिया.

दूसरा ब्याह

एक बर की बात है अक महामारी मैं नत्थू की घरआली रामजी नैं प्यारी होगी. नत्थू नैं बिणा घरआली के डेढ़–दो साल तो काढ़ दिये पर इब उसकै मन मैं दुबारा ब्याह करण की आगी. पर किसी ढाल भी उसका दूसरा ब्याह नीं हो रह्या था. वो एक मोड्डे धोरै गया अर बोल्या– महाराज जी! ब्याह करण का राह बता दे अर नां तो मरण की तरकीब बता दे. मोड्डा बोल्या– भाई! मरण की ठान ली हो तो सौ रास्ते हैं– कुएं मैं पड़ कै मर जाओ, गाड्डी तलै कट जाओ, बस आग्गै पड़ जाओ, चूहे मारण की गोलियां खा ल्यो, छात पै तैं कूद पड़ो, पंखे कै लटक ज्यो पर जै ब्याह कराणा है तो ये पतास्से ले ज्या, जिसनैं भी खुवा देगा, रात के बारहां बजे तक वा थारै धोरै आ ज्यैगी. नत्थू पतास्सां की पुड़िया लेकै खुश होता होया चाल पड़्या तो रास्ते मैं उसनैं रामप्यारी दिखगी. वा सिर पै गोब्बर का तासला ठाये जावै थी. नत्थू उसतैं बोल्या– ले मातारानी का प्रसाद खा ले. वा अपणी ओढणी मैं प्रसाद घलवाते होये बोल्ली– इब्बे तो गोबर ठा री हूं,, घरां जाकै नहाये पाच्छै खा ल्यूंगी. रामप्यारी नैं घरां जाकै या बात अपणी बेब्बे तैं बताई तो वा बोल्ली– ए बावली! खा नां लिये, नत्थू रांडा बेरा नीं के घोल कै ल्यारा हो, इसनैं ठाकै भैंस आग्गै गेर दे अर रामप्यारी नैं वे पतासे भैंस आग्गै गेर दिये. सांझ नैं नत्थू अपणी पोली मैं सुरजे के साथ खाट पै बैठ्या बाट देखैं अक आज तो रामप्यारी आवैगी अर थोड़ी देर मैं उन्हांनैं देख्या अक घर के बारणै आग्गै भैंस टक्कर मारै थी. नत्थू बोल्या– भाई! भाज ले छात पै, आप्पां तो बचगे, शुक्र है उसनैं वे पतास्से झोट्टे आग्गै नां गेरे.

एक खतरनाक जीव

एक बर की बात है अक नत्थू कै गांम मैं एक नेता आ ग्या अर बड़ी जोर–जोर तैं भाषण देण जुट रह्या था. नत्थू बेचारा रातभर खेत मैं पाणी देकै आया था अर टैम पै रोटी नीं पहोंच्ची थी, ज्यांतैं भूख के मारे पूरी रात की आग लाग री थी उसके बदन मैं. उसनैं देख्या अक उसके दोन्नूं छोरे सबतैं आग्गै खड़े नारे लगावैं थे. नत्थू कै तो छोह उठ ग्या. वो आग्गै सी जाकै उस नेता तैं गालियां देण लाग्या– ओ ऊत कपूत! धरती का फालतू कमीन! सारे गांम नैं भुलाण लाग रह्या अर किसे नैं काम नीं करण देता. अर और भी भली–बुरी कह दी. इतणा सुणते ही नेता जी के चमचे तो नत्थू कै चिपटगे अर उसका बैंगन सा भून दिया. खड़े होकै बेचारे नैं जूतियां पहरी अर जाण लाग्या तो धोरै खड़्या ताऊ सुरजा बोल्या– रै बावली बूच! जद तन्नैं उसतैं नेता ए कह दी थी तो और गाल बकण की के जरूरत थी? यो बड़ा खतरनाक जीव है. जद मधानी कै चारूं ओड़ नैं रस्सी लपेट दे तो दही बिलो दे है अर उसका सीत बणा दे है अर इबकी बार यो नेता थमनैं हलके कै चारूं ओड़ लपेट दिया तो तेरा सीत बणा दिया. भाई! तैं बचकै रह्या कर नां तो न्यूं ए दही की डल़ी सी फुड़वाता हांडैगा.

थप्पड़ों में अंतर

एक बर की बात है अक नत्थू अर सुरजा बैठे बेसिर–पैर की बात करैं थे. नत्थू बोल्या– आं रै! न्यूं बता पाप्पड़ अर झाप्पड़ मैं के अंतर है? सुरजा बोल्या– बताण की किमें जरूरत नीं है, एक एक खाकै देख ले पता चाल ज्यैगा.

कार की बैटरी

एक बर की बात है अक नत्थू अपणी कार की बैटरी बदलवाण गया तो दुकनदार बोल्या– भाई! एक्साइड की डाल द्यूं? नत्थू बोल्या– नां यार! दोन्नूं साइड की डाल दे, बार–बार डलवाण का टंटा ए खतम हो ज्यैगा.

मुसलमान इलाका

एक बर की बात है कि अक नत्थू का बड्डा छोरा मेरठ मैं नौकरी कर्‌या करता. एक दिन दंगे होए तो वो मुसलमान्नां के इलाके मैं मारा गया. मुसलमान्नां नै ठाकै उसतैं दफना दिया. कई दिन बाद नत्थू मेरठ मैं जाकै एक मुसलमान तैं बोल्या– खान साब! एक बर छोरे नैं काढ़ द्यो, उसकी जेब मैं अलमारी की चाब्बी रहैगी.

मोड़ की जगह

एक बर की बात है अक एक गांम मैं नत्थू अर सुरजा नाम के दो रांडे रह्या करते. उननैं पूरा जोर ला लिया पर उनका ब्याह होण मैं नीं आया. एक दिन दोन्नूं नशे मैं टुन्न होकै घोड़ी पै बैठकै पूरे गांम के चक्कर काट्टण लाग्गे अर आग्गै–आग्गै बैंड वाले कर लिये. उणकी या करतूत देखकै गांमआल्यां नैं थाणे मैं शिकायत कर दी. दो पुलसिये आकै उन दोनुआं तैं पकड़कै थाणे मैं लेगे अर रात नैं उनकी अच्छी तसल्ली कर दी. सबेरै थाणेदार आया अर उणकी हालत देखकै बोल्या– ये बेचारे गांम के भोले आदमी हैं, कोय बात नीं आग्गै तैं नीं करैंगे अर वार्निंग देकै छोड़ दिये. फेर थाणेदार का ध्यान कूण मैं पड़े मोड़ पै गया. थाणेदार नैं सिपाही भेजकै उन दोनुआं तैं फेर बुलाया. जद रांडे दुबारा थाणे मैं आये तो थाणेदार बोल्या– अपणे ये मोड़ तो ले जाओ. नत्थू बोल्या– जी! ये तो जित उतारकै टांगणे थे टांग दिये, इस तैं बाद और कोय जगहां नीं है, म्हारे मोड़ खात्तर.

फोटो का साक्का

एक बर की बात है अक सुरजे ताऊ के सागी भाई का ब्याह था. जद बरात छोरीआलां कै घरां जाण लाग्गी तो सारे बराती नाच्चैं थे. न्यूं कह ल्यो अक कूदैं थे. नत्थू किमें घणा ए माच रह्या था. नाचणा तो उसनैं के आवै था पर लेवै अर वीडियो कैमरे के आग्गै फोटू खात्तर खड़्या हो ज्यै. फोटूग्राफर तंग आकै कैमरे नैं दूसरी ओड़ करकै नत्थू तैं भूंडी ढाल घूरण लाग्या तो नत्थू बोल्या– न्यूं के देखै है रे, तेरी आंख्यां मैं घुस्से देकै तेरी गिट्टी सी बाहर काढ़ द्यूंगा, पीसे दे राखे हैं, चुपचपाता खींच दे नीं तो तेरी फोटू सी तार द्यूंगा.

जेल मैं रामलीला

एक बर की बात है अक नत्थू अपणे ढब्बी सुरजे तैं मिलण जेल मैं गया. सुरजा था जेल का सुपरिटेंडेंट. नत्थू नैं देख्या अक सुरजे का मुंह कती उतर रह्या था अर चेहरे की हवाइयां उड़ री थीं. नत्थू नैं कारण बूज्झया तो सुरजा बोल्या– बात या है अक काल मुख्यमंत्री आड़ै आया था अर हुकम दे गया था अक कैदियां के मनोरंजन खात्तर रामलीला करणी चहिय. नत्थू बोल्या तो फेर इसमैं भूंडा मुंह बनाण की के जरूरत है? सुरजा बोल्या– भाई! रामलीला करण मैं तो किमें हर्ज नीं था, हमनैं करी भी थी पर साक्का तो तब होग्या जद कैदी नं. 432 हनुमान बणकै जड़ी बूटी लेण गया था अर इब्बे तांहीं नीं आया.

रोटियों का गिनती

एक बर की बात है अक नत्थू किसी होटल पै रोटी खाण खात्तर रुक्या. उसकी रोटियां देखकै नत्थू बोल्या– रै ये के मांडे पोवै है? दो–दो छटांक के इसे फुलके तो मैं सौ खा ज्यांगा अर तेरा रेट भी कसूत्ता है. होटलआल़ा बोल्या– नां चौधरी साब! सौ की तो जंचती कोन्या. नत्थू बोल्या– चंजण नैं के हो रह्या है? तैं शर्त लगा ले अर फेर देख लिये. पांच सौ रुपियां की शर्त लाग गी. नत्थू नैं रोटियां खाणी शुरु करी पर उसनैं गिनती नीं आवै थी, ज्यांतै जमीन पै एक रोटी खाते ही कोयले गैल लकीर खैंचता जावै था. जद 90 रोटियां की लकीर खैंच दी तो होटल आल़े कै बेईमान्ना आ ग्या अर सोच्चण लाग्या इब बाकी की दस तो यो आराम तैं ए चेप देगा तो बोल्या– चौधरी साब! इब तक 70 हो ली हैं. इस बात पै झगड़ा माच ग्या. पर नत्थू नैं बात नीं बिगड़ण देई. उसनैं सारी की सारी लाइनां अपणे हाथ तैं मिटा दी अर बोल्या– नां तेरी अर नां मेरी, चल हट कै गिणती शुरु करां.

भालू का सामना

एक बर की बात है अक चौधरी सुरजा जंगल मैं जा रह्या था तो उसकै पाच्छै भालू पड़ ग्या. सुरजा आग्गै–आग्गै आर भालू पाच्छै–पाच्छै. चौधरी नैं एक पेड दिख ग्या. उसनैं उसके चक्कर काटणे शुरु कर दिये अर चालाकी तैं चौधरी पेड़ के तने की वाई बन री थी उसमैं तैं कूद ग्या. भालू भी कूदण लग्या तो उसकी टांग फंसगी. चौधरी नैं तो घूमकै उसकी टांग पकड़ ली. भालू नैं भी पूरा हांगा ला लिया पर चौधरी नैं टांग नीं छोड्डी. कई देर पाच्छै चौधरी नैं देख्या अक सेठ नत्थूलाल उड़ै तैं जावै था अर उसकै हाथ मैं लट्ठ भी था. चौधरी बोल्या– सेठ जी! इस भालू कै मार–मार लट्ठ इसकी जान काढ़ दे. इस सुसरे नैं मेरी जान लेण की ठान राखी है अर जै मैं टांग छोडूंगा तो यो पाड़ लेगा. सेठ बोल्या– नां भाई मैं तो जानवरां पै हाथ नीं ठाऊं, खामखाह पाप का भागी बणूंगा. चौधरी बोल्या– तो न्यूं कर तैं भालू की टांग पकड़ ले अर मैं लट्ठ दे दे इसका कस काढ़ द्यूंगा. सेठ बोल्या– हां या तेरी बात मानी. सेठ नैं भालू की टांग जोर लगाकै पकड़ ली अर चौधरी नैं हाथ मैं लट्ठ पकड़ लिया. लट्ठ पकड़ते ही चौधरी बोल्या– सेठ जी! मेरा जी तो न्यूं करै इस भालू नैं छोड़कै तेरै पांच–सात उलटे–सुलटे लठ्ठ जमा द्यूं पर भाई मारूंगा मैं भी नीं क्यूंक जानवरां पै हाथ मैं भी नहीं ठाऊं.

फायदे का सौदा

एक बर की बात है अक सेठ जी के घरां सांप बड़ ग्या तो रोला सुणकै पड़ौस का एक चौधरी लट्ठ लेकै सांप आले कमरे मैं घुस्या. इतणे मैं सेठ नैं बाहर तैं कुंडा मार दिया अर बोल्या– दोनुआं मैं तैं कोय सा भी मर जाइयो, अपणा तो फायदा ए फायदा है.

डाकुओं का सामना

एक बर की बात है अक एक सेठ अर चौधरी जंगल तैं लिकड़कै कितै जावैं थे अर उस जंगल मैं डाकुआं का डर था. सेठ बोल्या– आं रै भाई! जै चार डाकू अपणै धोरै आगे तो के करांगे? चौधरी बोल्या– भाई! फिंकर मत नां करै, तीन तो मैं एकला संभाल ल्यूंगा. इब चौधरी सेठ की तरफ देखण लाग्या अक यो के बोल्लैगा तो सेठ बोल्या– अर चौथा मन्नैं सम्भाल लेगा.

हिसाब किताब

डाक्टर– रै नत्थू! तेरा अप्रेशन दुबारा करणा पड़ैगा क्यूंक मेरा दस्ताना तेरे पेट मैं ए रह ग्या.

नत्थू– किमें बात नीं, दस्ताने के पीसे ले लिये डाक्टर अर मन्नैं इब जा लेण दे.

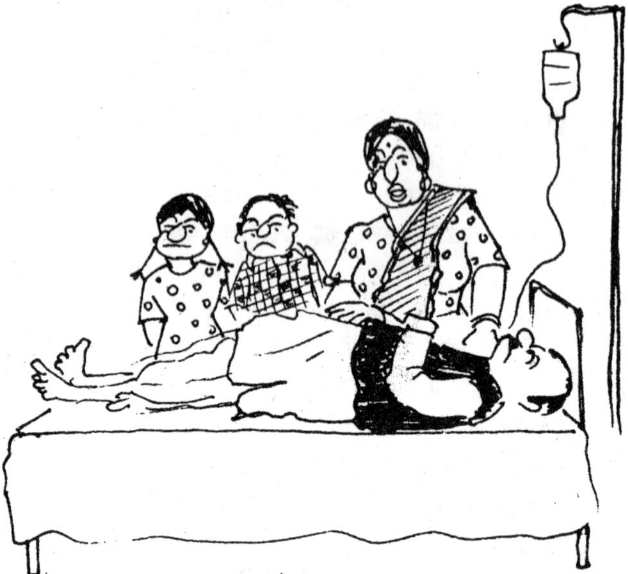

गुम चोट

एक बर की बात है अक नत्थू शहर तैं पांच–छः समान के बोरे लिये भूंडिया (थ्रीव्हीलर) स्टैंड पै खड़्या था. ड्राइवर नैं सोच्ची अक यो किराया तो एक सवारी का देगा अर जगहां पांच की घेरैगा. ड्राइवर बोल्या– सेठ जी! मैं इब्बे नीं जाता. सेठ बोल्या– किमें नीं भाई, यो समान छात पै धर दे अर चालै जद चाल पड़िये. अपणे बोरे भूंडिये की छात पै धरकै सेठ और समान लेण चल्या गया. आया तो इतणे मैं भूंडिया फुल हो लिया था. सेठ नैं मडगार्ड पै सीट थ्यायी. वो आधा सीट पै टिक ग्या अर आधा बाहर लटकै. रास्ते मैं एक ट्रक आया अर उसनैं सेठ आली साइड मैं टक्कर मार दी. भूंडिया खड्डे मैं जा पड़्या. सेठ भूंडिये कै नीच्चै जा धंस्या अर लोगां नैं हांगा लाकै काढ्या. सेठ करहावै भूंडी ढाल तो लोग बोल्ले के हो ग्या? सेठ किमें नीं बोल्लै अर करहावै. एक नैं बूज्झी– किमें टूट ग्या के तो सेठ बोल्या– नां किमें नीं टूट्या. दूसरा बोल्या– सेठ जी! थम ठीक हो? तो सेठ बोल्या– नां भाई. लोग समझे इसकै तो गुम चोट लाग्गी है, ज्यांतैं हस्पताल मैं भर्ती करवा दिया. घर के लोग सौड़–गूदड़े ठाये हस्पताल पहोंचगे. सेठाणी बोल्ली– किमें खावैगा के? सेठ बोल्या– मूली खांगा. सेठाणी नैं छोह आ ग्या– जाये रोये तन्नैं उरै भी मूली भावैं है. इतणी हाण होगी, सारा कुणबा सेवा मैं लाग रह्या, सारे तेरी चोट की पूच्छै हैं पर तैं किमें बता तो दे. के रोळा है? मेरै तैं तो बता दे, के मर ग्या के? सेठ बोल्या– नां मर्‌या तो कोनीं पर मर ज्यांगा. सेठाणी बोल्ली– न्यूं क्यूंकर मर ज्यैगा? सेठ बोल्या– सेठाणी! उस ट्रक कै पाच्छै लिख राख्या था– फिर मिलेंगे.

पैट्रोल के बढ़े दाम

एक बर की बात है अक सुरजा सेठ अर नत्थू चौधरी की दोस्ती होगी. एक दिन डीजल अर पैट्रोल के रेट बधगे तो सेठ कै भोत घणी चिंता होगी क्यूंक उसकी कार पैट्रोल मैं चाल्लै, फैक्टरी के जनरेटर मैं दिन–रात डीजल फुंकै पर चौधरी कै किमें परवाह नीं. चौधरी तैं राज्जी–राज्जी हांडता देखकै सेठ नैं हारकै एक दिन पूछ लिया– आं मेरे यार! तेरै पैट्रोल के रेट बधण तैं किमें दिक्कत कोनीं होई के? चौधरी बेपरवाही तैं बोल्या– हमनैं क्यां की दिक्कत होणी थी, पहले भी सौ का घलवाया करते अर इब भी सौ का घलवावां हां.

गलती क्या है

एक बर की बात है अक दो सेठ बतियावैं थे अक इन चौधरियां कै दिमाग कोनीं होता. दूसरा बोल्या– क्यूंकर? पहलड़ा बोल्या एक दिन सांझ नैं मैं दुकाण पै बैठ्या था अर एक चौधरी नैं आते ही मेरै एक मार्‌या तो मैं बोल्या– चौधरी साब! मेरी के गलती? तो वो चौधरी बोल्या– गलती तो तैं दो साल भी कोनीं करै, इसमैं मेरा के कसूर?

नत्थू की पसंद

एक बर की बात है अक रामप्यारी तैं देखण आले़ आगे. नत्थू भी गैल ए था क्यूंक उसका ताऊ बोल्या– आजकाल छोरे आप्पे देखैं हैं तो इसनैं पसंद करवा ल्यायो. बड़े–बुड्ढां नैं सारी बात करली तो फेर नत्थू अर रामप्यारी एक कमरे मैं एकले बिठा दिये. पहल्ले तो वे दोन्नूं शर्माते रहे अर आपसरी मैं एक अक्षर भी नीं बोल्ले. फेर नत्थू बोल्या– बेब्बे थम कितणे बहन–भाई हो? रामप्यारी बोल्ली– इब्बे तांहीं तो एक बहन अर दो भाई थे अर इब तूं और बध ग्या.

उलटे सुलटे चक्कर

एक बर की बात है अक एक मोटे पेट आल़ा सेठ गली मैं उलटे–सुलटे चक्कर काटै था. नत्थू अर सुरजा उठै ए गली मैं कंचे खेल्लैं थे. उस सेठ के कई चक्कर देखकै सुरजा बोल्या– आं रै यार! यो मोटला सेठ न्यूं क्यूंकर चक्कर काट–काट बावला हो रह्‌या है? नत्थू बोल्या– मन्नैं तो न्यूं दीखै है अक यो बयावण की जगहां टोवै है.

सेठ का भय

एक बर की बात है अक एक बर गाल मैं दो छोरे कसूत्ते भिड़ रे थे. कुर्ते की कालर पकड़कै वे भूंडी ढाल गुत्थम–गुत्था हो रे थे. गली के लोग अपणी–अपणी छात पै खड़े यो तमास्सा देखैं थे. नत्थू सेठ भी अपणी घरआल़ी रामप्यारी गैल छात पै खड़े–खड़े यो सारा किस्सा देखै था. सेठ अपणी लुगाई तैं बोल्या– न्यूं ढंग दीखै अक आज तो ये मन्नैं मारैंगे. सेठाणी बोल्ली– रै बीज मिटणे! तेरै आड़ै छात पै खड़े कै क्यूंकर मारैंगे? सेठ बोल्या– तैं भी आड़ै ए खड़ी है अर देख लिये ये मन्नैं जरूर मारैंगे. इतणे मैं वे चौधरी के छोरे लड़ते–भिड़ते सेठ कै छज्जे तलै आगे. सेठ कोड्डा होकै देखण लाग्या तो छज्जे की झोल डंटी नीं अर बैलेंस बिगड़ ग्या अर गली मैं उठ्या धधका. सारे लोग कट्ठे होगे. सेठाणी भाजकै तलै आगी. बेहोशी टूटे पाच्छै जद सेठ नैं माड़ी सी आंख खोल्ली तो सेठाणी तैं बोल्या– ए तैं नाटै थी पर मैं कहूं था नां ये मन्नैं मारैंगे?

सेठ की गाय

एक बर की बात है अक नत्थू धोरै तीस–चालीस गाय थी. एक साल गांम मैं अकाल पड़ ग्या तो नत्थू नैं एक कोठा भरकै पूलियां का खरीद लिया अर जंचाकै आच्छी ढाल धर दी जो थोड़ी–भोत बाकी बची वे छात पै धर दी. गाय उन पूलियां नैं देख–देख चिल्लावैं अर भूंडी ढाल ललचाई आंख्यां तैं देक्खैं. सेठ उणकी आवाज सुणकै बाहर आकै उनतैं धमकाते होये कहता–क्यूं कालजा देण नैं हो री हो? ये थारी ए खात्तर लेई हैं, मैं के इन नैं खाकै मरूंगा?

जान का वादा

एक बर की बात है अक नत्थू सेठ मरण लाग्या तो उसका ढब्बी सुरजा बोल्या– भाई! तन्नैं खूब तो ईलाज करवा लिया, सारे डाक्टर परख लिये पर डाक्टरां नैं जवाब दे दिया. इब तैं न्यूं कर जाते–जाते समाज खात्तर किमें दान कर ज्या. सुरजा धाप कै कंजूस था अर उसके हाथ तैं जीते जी कदे फूटी कोड़ी नीं छुट्या करती, बोल्या– और के द्यूं, इब जान तो देण लाग रह्या हूं.

तोते का बिघ्न

एक बर की बात है अक नत्थू नैं सोच्ची अक इस दुकान मैं खट्टी–मिट्ठी गोली अर कापी–पेंसिल बेच्चण मैं कुछ नां बचता किमें और काम करणा पड़ैगा. कोय इसा काम करणा चाहूं हूं जिसमैं रुपिये भी बाद आवैं अर घणा काम भी नां करणा पड़ै. उसनैं देख्या अक एक पंडत तोता लेकै राशि–फल बताण लाग रह्या था. पंडत तोते तैं एक छड़ी दिखावै अर तोता भाजकै एक ताश का एक पत्ता काढ़ ल्यावै. अर पंडत फीस के पचास रुपिये ले–ले गोज मैं धरै. नत्थू नैं सोच्ची अक यो एंडी काम है. उसनैं वो तोता पचास हजार मैं खरीद लिया. इब दुकान बंद कर दी अर पंडत की जगहां पै नत्थू बैठण लाग्या पर वो पंडत तैं न्यूं पूछणा ए भूल ग्या अक तोता छड़ी देखकै पत्ते क्यूंकर लावै है? थोड़ी बर मैं एक आदमी आया अर राशि–फल पूच्छण लाग्या. नत्थू नैं तोते तैं कई ढाल वा छड़ी दिखाई पर तोता के समझै था? कई दिन न्यूं ए चालता रह्या. लोग आते अर चले जाते पर तोते नैं एक पत्ता नीं कदे ठाकै दिया. नत्थू का कती नास हो लिया. दुकान भी बंद होगी अर पचास हजार का यो खसम भी खरीद लिया. दुखी होकै नत्थू नैं दुबारा दुकान खोल ली अर तोता भी दुकान पै बिठा लिया. सारा दिन वो तोता नत्थू कै रड़क्या करता अर वो सोचता इस फूफ्फे का के करूं? तोता देख–देख वो घणा दुखी हो रह्या था कै इतणे मैं एक गाहक आ ग्या अर बोल्या– सेठ! एक पाइया चा–पत्ती दिये. नत्थू बोल्या– चाय पीकै क्यूं कालजा फूंकै है, तोता ले ले नैं.

घर से खरीददारी

एक बर की बात है अक नत्थू अपणी खात्तर कुरते–पजाम्मे का कपड़ा लेण सुरजे की दुकान पै गया. घणखरे थाण खुलवा–खुलवा देखे अर आखिर मैं एक पसंद भी आ ग्या. भाव पूच्छण लाग्या तो जवाब मिल्या अक साठ रुपिये मीटर है. नत्थू बोल्या– सेठ जी! कपड़े की तरफ देखकै ठीक भाव लगा ल्यो. साठ रुपिये तो भोत घणा महंगा है. दुकनदार बोल्या– चौधरी साब! सवेरै–सवेरै का टैम है अर धर्म की बात है सिर्फ पांच रुपिये कमाणे हैं. राम की सूं यो थान पचपन रुपिये तो मन्नैं घरां ए पड़्या है. नत्थू बोल्या– किमें बात नीं सेठ जी! थारा घर के घणी दूर है फेर मैं थारे घर तैं ए ले ज्यूंगा.

मोड्डे की ऐसी तैसी

एक बर की बात है अक किसी गांम कै जोहड़ पै घणा ए तगड़ा मोड्डा रह्या करता अर चढ़ावा भी भतेरा आया करता. खा–खा कै दुनिया का माल मोड्डा आच्छा सांड बरगा पल रह्या था. जो भी उसतैं मिलै वो ए कह दे अक बाब्बा जी! तेरे मैं तो कसूती जान है अर हमनैं लागै अक तैं तो गांम के सांड नैं भी हरा देगा. रोज सवेरै–शाम कोय नां कोय यो ए डायलोग बोल देता. इब मोड्डे कै भी यकीन होग्या अक उसमैं तैं घणी ए जान है. फेर एक दिन तड़कै–तड़कै वो सांड कै पाच्छै हो लिया. सांड आग्गै–आग्गै अर मोड्डा पाच्छै–पाच्छै. मोड्डे नैं सोच ली आज तो इस सांड गैल भिड़णा ए है. मौका देखकै भिड़ ग्या. सांड नैं लगाया अपणे सींग का जोर अर मोड्डा बगा कै मार्‌या. मोड्डे की धोत्ती का तो लांगड़ खुल ग्या अर धैड़ पड़्या जमीन पै. आसपास आल्यां नैं मिलकै मोड्डे तैं सहारा देकै खड़्या कर्‌या तो एक बोल्या– बाब्बा जी! इस सांड नैं तो तेरी इसीतिसी कर दी. बाब्बा बोल्या– भाई! इसीतिसी का तो कोई गम नीं है, जो होया सो होया पर बात या है अक इब भ्रम भाज ग्या.

पांच नहीं साढे पांच

एक बर की बात है अक नत्थू कपड़ा लेण शहर मैं गया. सेठ नैं कई थान खोल–खोल धर दिये पर कोयसा पसंद नीं आया. इतणे मैं नत्थू नैं एक सूत्ती कपड़ा पसंद आग्या. उसपै आंगली धरकै भाव पूच्छ्या अर फेर बोल्या– पाड़ दे भाई पांच मीटर. सेठ बोल्या– चौधरी साब! साढे पांच मीटर ले ल्यो क्यूंक यो धोण तैं सुकड़ैगा. नत्थू बोल्या– यो सुकड़ैगा तो तब जद मैं इसनैं धोऊंगा.

बाल्टी का मुकाबला

एक बर की बात है अक सेठ सुरजा अर नत्थू चौधरी मैं शर्त लाग्गी अक कुण फालतू बालटी ठा सकै है. पहल्ले सेठ तैं पूच्छ्या तो वो बोल्या– तीन बाल्टी उठा सकूं भाई मैं तो. नत्थू बोल्या– तीन क्यूंकर? सेठ नैं बताई अक एक सोले़ हाथ मैं, एक ओले़ हाथ मैं अर एक सिर पै. इब सेठ नैं नत्थू तैं बूज्झी अक वो कितणी ठा सकै है तो नत्थू बोल्या– पांच ठा ल्यूंगा मैं तो. सेठ बोल्या– पांच क्यूंकर? नत्थू बोल्या एक सोले़ हाथ मैं, एक ओले़ हाथ मैं अर तन्नैं मैं मोड्डे पै बिठा ल्यूंगा. होगी पूरी पांच?

उरै परै की

सुरजा – रै नत्थू! जा बाजू आले़ घर तैं डाक्टर नैं बुलाकै ल्या, मेरी तबियत भोत खराब हो री है.

नत्थू– पर ताऊ तैं तो आप्पे डॉक्टर है.

सुरजा– रै तैं उसनैं बुला ल्या मेरी फीस भोत घणी है.

नत्थू ड्राइवर

एक बर की बात है अक नत्थू डरैवर एमपी का इलैक्शन जीत ग्या अर मंत्री भी बण ग्या. पहलड़े दिन अपणैं दफ्तर मैं जाते ही उसनैं कुर्सी कै पीच्छै एक फट्टी पै लिखवाकै टांग दिया– कृपया उचित दूरी बना कर रखें और जरूरत पड़ने पर होरन दें. जगहां मिलने पर साइड दी जायेगी.

डांगर चमकै हैं

एक बर की बात है अक एक मोड्डा खेत्तां मैं जावै था अर नत्थू अपणे डांगर चराण जा रह्या था. डांगर मोड्डे नैं देखकै कसूत्ते चमकगे. नत्थू बोल्या– ओ मोड्डे! एक ओड़ नैं हो ले, मेरे डांगर चमकै हैं. मोड्डा बोल्या– अरे बच्चा! तुम्हें बोलने की अक्ल नहीं है, हमें स्वामी जी कहकर बुलाते हैं. नत्थू बिदकते होये बोल्या– एक ओड़ नैं हो ले, एक लट्ठ लाग ग्या तो मोड्डे तैं भी जावैगा.

मोड्डे का बाजरा

एक बर की बात है अक गांम मैं एक मोड्डे नैं अपणे ग्यान पै घणा ए घमंड था. जो भी उसकै बारणै आग्गै टपता, किसी नां किसी बात पै मोड्डा उसका मखौल उड़ाता. कॉलेज के पढ़े–लिखे सुरजे नैं भी उस मोड्डे धोरै जाण की सोच्ची. वो उस मोड्डे के बारणै आग्गै चक्कर काट्टण लाग्या तो मोड्डे नैं वो बुला लिया अर बोल्या– के बात है? छोरा बोल्या– चाल चौपाल मैं बैठकै फैसला करांगे. दोन्नूं चले गये. मोड्डे नैं छोरे तैं कई उलटे–सुलटे सवाल बूज्झे अर सुरजे नैं सैड़ दे सी सारे बता भी दिये. इब छोरे की बारी आई. उसनैं मोड्डे तैं पूच्छ्या बता इसका के मतलब है– बवाम बाया, बोयम बोया, कांडम कांडा, रांधम रांध अर सपड़सू. इब मोड्डे नैं सारी पोथी छाण मारी पर मतलब नीं पाया. चौपाल मैं सुरजे की वाह–वाही होगी. लोग बूज्झण लाग्गे अक न्यूं और बता दे बाजरा किसाक होगा? छोरा बोल्या जो इस मोड्डे के जितणे बाल पाड़ैगा उसकै उतणा ए आच्छा बाजरा होगा. कहण की देर थी अर लोगां नैं मोड्डे के ऊप्पर तलै के सारे बाल पाड़ मारे. नत्थू किसी काम तैं शहर जा रह्या था अर वो रात नैं घरां बावड़ा तो उसकी घरआली रामप्यारी नैं उसतैं सारी कहाणी सुणाई अर बोल्ली– तूं तो बेकाम पाच्छै रह ग्या. सबकै बाजरा होगा अर तैं देखिये तमास्सा. बस फेर के था वो भी पहोंच लिया मोड्डे कै घरां अर जाकै देख्या मोड्डा मूधा पड़्या करहावै दर्द कै मारे. नत्थू बोल्या– ओ हो दाद्दा! मेरै तैं तो मेरी बहू नैं इब्बे बताई, या तो घणी भूंडी बणगी. अर न्यूं कहकै वो उसके पां बोच्चण लाग्या अर बोल्या– ल्या दाद्दा! तेरे पां बोच द्यूं, ल्या दाद्दा! तेरी पिंडी बोच द्यूं, ल्या दाद्दा! तेरा सर बोच द्यूं पर एक भी बाल उसकै हाथ नीं आया. करते–कराते बस सर पै चोट्टी बच री थी, वा हाथ लाग्गी अर नत्थू नैं बणाकै अंटी जड़ तैं ए पाड़ ली अर मोड्डा मारै किलकी– हाय रै मर ग्या. नत्थू बोल्या– बस दाद्दा, औरां नैं तो बाजरा ए कर्या था मैं तो पूरे साल की फसल कर चाल्या.

भिखारी का हाल

एक बर की बात है अक जद सारे धंधे फेल होगे तो नत्थू नैं भिखारी के काम मैं हाथ अजमाया. धंधा चमक ग्या. सबेरै–शाम चौराहे पै ढोबरा ठाए मांगै अर नोट छाप्पै. फेर एक दिन वो बैंक कै भीत्तर बड़े था तो चौकीदार नैं वो कंधे तैं पकड़ कै रोक लिया अर बोल्या– अरै ओ! कित बड़्या जा रह्या है? उरै तन्नैं किमैं नीं मिलैगा. नत्थू भी कसूत्ता भिखमंगा था, उसकी आंख्यां मैं आंख घालकै बोल्या– भाई! मैं उरै किमैं मांगण नीं, खाता खुलाण आया हूं.

सात मोहर चोरी

एक बर की बात है अक एक गांम मैं एक मोड्डा अपणी झोंपड़ी मैं रह्या करता. वो गांम तैं भिक्षा ल्याकै अपणा पेट भर्या करता. उस मोड्डे धोरै कुल सात मोहर थी जिननैं वो अपणी जटा मैं लुहको कै राख्या करता अर रात नैं सोण तैं पहल्यां गिण लिया करता. एक दिन उस धोरै नत्थू आकै ठहर ग्या. जद रात होई तो वो मोड्डा नत्थू तैं बार कहवै अक तूं सो ज्या. नत्थू कै शक हो ग्या. वो सोण का बहाना करकै आंख मूंदे पड़्या रह्या. मोड्डे नैं सोच्ची अक नत्थू तो सो ग्या. मोड्डे नैं एक कूण मैं जाकै एक दो तीन करकै सात मोहर गिणकै धर दी अर बेफिक्र होकै सो ग्या. नत्थू नैं यो सारा किस्सा अपणी आंख्यां तैं देख लिया था तो एक दिन वो मोड्डे तैं जीम्मण का बुलावा देण आया. घरां बुलाकै उसकी कसूत्ती सेवा करी. हाथ धोकै नत्थू उसतैं दक्षणा देण लाग्या तो वो रुक्का मारकै चौधरण तैं बोल्या– बाबा जी तैं दक्षणा देण खात्तर सात मोहर देई थी, ल्या वे ल्या कै दे दे. चौधरण भी खाई खेल्ली थी बोल्ली– मन्नैं तो आड़े आले मैं धरी थी ईब तो कोनीं. नत्थू भूंडी गाली बक कै अपणी लुगाई तैं पीट्टण लाग्या तो पूरा मोहल्ला कट्ठा हो ग्या. सारी बात सुणकै मोहल्ले के सयाने बोल्ले भाई थम तीन माणस हो घर मैं, किसी एक धोरै तो मोहर पावैंगी जरूर. इब मोड्डा तो डर के मारे कांपण लाग्या. तीनुआं का झाड़ा लिया तो मोड्डे की जटां मैं तैं सात मोहर लिकड़ी. बेचारा मोड्डा सबकै आग्गै बोल्लण जोग्गा भी नां रह्या अर नाड़ नीच्ची करकै सीधा अपणी कुटिया कानीं चाल पड़्या. कुछ दिन बाद नत्थू मोड्डे तैं जीम्मण का न्यौता देण फेर पहोंच्या तो मोड्डा चिढ़कै बोल्या– अक जिस धोरै भी तेरे ताहीं देण नैं सात मोहर होवैंगी वो ए तेरे धोरै जीम्मण आवैगा.

उन्नीस बीस का फर्क

एक बर की बात है अक सुरजा सेठ किमैं घणा ए कंजूस था. एक दिन एक मंगता सेठ धोरै जाकै मांगण लाग्या तो सेठ बोल्या–चाल चाल आग्गै नैं हो ले. मंगता न्यूं कहते होये आग्गै नैं हो लिया– कोय बात नीं सेठ जी! उन्नीस बीस का ए फर्क है. आगले दिन फेर मंगते नैं सैठ आग्गै हाथ फैला दिये अर सेठ बोल्या– आड़ै किमें नीं धर्‌या आग्गै नैं हो ले. मंगते नैं भी वा ए बात कह दी अक किमें बात नीं उन्नीस बीस का फर्क है. सेठ नैं सोच्या यो उन्नीस बीस का फर्क के होया बूझणा चहिय. आगले दिन जद वो मंगता आया तो सेठ बोल्या– क्यूं रै या उन्नीस–बीस के फर्क की के बीमारी है? मंगता बोल्या– सुण सेठ, माणस तो तूं भी है अर माणस मैं भी हूं. तेरे धोरै किमें घणे रुपिये हैं अर मैं कंगला हूं. मरे पाच्छै जितणी जगहां तन्नैं मिलणी है, उतणी ए मन्नैं भी मिलैगी. कफन तन्नैं भी मिलैगा अर मन्नैं भी. बस इसमैं उन्नीस बीस का फर्क रह्वैगा. अर मरे पाच्छै सारे एक जिसे हो ज्याया करैं हैं, कोय किमें गैल्या कोनीं ले जाया करै. मंगते की बात सुणकै सेठ बोल्या– बस यो ए फर्क होवै सै उन्नीस बीस का झकोई?

नत्थू अर डाक्टर 1

नत्थू– डॉक्टर साब! आपनैं पूरी तरियां बेरा है नां अक मेरै निमोनिया है. पिछले साल एक डाक्टर नैं मेरी घरआळी रामप्यारी के निमोनिये का ईलाज कर्‌या था अर वा मरी थी टॉयफाइड तैं.

डाक्टर– तैं फिकर नां करै, मैं निमोनिये का ईलाज करूंगा तो तैं निमोनिये तैं ए मरैगा, या गारंटी है.

नत्थू अर डाक्टर 2

डाक्टर– हां भाई! बोल तेरै कित दर्द है? आंगली लगाकै बता कित दर्द है?

नत्थू– दर्द तो पूरे बदन मैं हो रह्या है जी. जी उरै घुटने मैं, जी उरै हाथ मैं, टांग मैं, मात्थे मैं.

डाक्टर– रै! तेरै किमें नीं हो रह्या तेरी आंगली मैं ए सूल गड़ री है.

दो का सिक्का

एक बर की बात है अक बस अड्डे कै मोड़ पै एक आंधा भिखारी बोरी बिछाये बैठ्या था. ज्यूं ए धोरै तैं नत्थू टप्या तो भिखारी नैं उसतैं पांच रुपिये मांग लिये. नत्थू बोल्या-- यार! तेरा तो स्टैंडर्ड किमें घणा ए हाई दीखै है, पांच तैं घाट तो तैं बात भी नीं कर रह्या. भिखारी बोल्या– दे दे चौधरी पांच का एक पत्ता, तेरा रामजी भला करैगा. नत्थू देण तैं साफ नाट ग्या. भिखारी भी कसूत्ता ए था, पाच्छै पड़्या रह्या. नत्थू आग्गै नैं चल्या तो वो भिखारी भी ठाकै कटोरा उसकै पीछै चाल पड़्या. हारकै आखिर मैं नत्थू नैं उसतैं पिंड छुड़ाण खात्तर गोज मैं तैं दो का सिक्का काढ़कै भिखारी के कटोरे मैं गेर दिया अक यो तो आंधा है, इसनैं के बेरा पाटैगा. भिखारी नैं सिक्का ठाया अर गौर तैं देख्या. फेर हाथ मैं पकड़कै बोल्या– आं रै चौधरी! यो सिक्का तो दो का है. नत्थू बोल्या– ओ बेट्टे! तन्नैं तो दिखै है, न्यूं ए आंधे का सांग खिंडाये बैठ्या है? भिखारी बोल्या– और तेरे दो के सिक्के खात्तर अपणी आंख फोड़ ल्यूं?

रुक्के का जवाब

एक बर की बात है अक नत्थू घरां आया तो अपणी छोरी तैं रुक्का मारकै बोल्या— रामप्यारी उरै आ. रामप्यारी अपणे बाब्बू की आवाज सुणकै बोल्ली— के है? नत्थू नैं उसका यो ढंग भोत भूंडा लाग्या. वो उसतैं समझाते होये बोल्या— इब तैं सयाणी होगी अर तन्नैं आगले घर जाणा है. जद कोय तन्नैं बुलावै तो हांजी कह्या कर. दो—चार दिन बाद नत्थू नैं रामप्यारी तैं फेर रुक्का मार्‌या तो रामप्यारी लत्ते धोवै थी अर वा कपड़े कूटते—कूटते बोल्ली— हांजी बाब्बू. नत्थू नैं हटकै रुक्का मार्‌या तो वा फेर बोल्ली— हां जी. नत्थू नैं तीसरी बर फेर रुक्का मार्‌या तो उसनैं वो ए जवाब मिल्या. वो गुस्से मैं रामप्यारी कै धोरै जाकै छोह मैं बोल्या— आं ए! मन्नैं कोड बर होगी बुलाते—बुलाते. रामप्यारी बोल्ली— थमनैं तो कही थी अक कोय रुक्का मारै तो हांजी कहणा है, आणा भी है या कद सी कही थी?

शादी के बारे में नत्थू के विचार

1. जै ब्याह के बाद कोय थारी लुगाई चुरा ले तो उस आदमी तैं बदला लेण का और कोय कसूत्ता ढंग नीं हो सकता.

2. ब्याह पाच्छै आदमी–लुगाई एक्के सिक्के के दो पहलू हो ज्यैं हैं जो एक दूसरे का मुंह कदे नीं देखणा चाहवैं पर बेचारे रहवैं गैल हैं.

3. जै थमनैं आच्छी लुगाई मिल ज्यै तो समझ ल्यो किस्मत खुलगी अर नीं तो खुश रहण का एक्के तरीका है अक मोड़डा बण ज्यो.

4. ब्याह करवाए पाच्छै बड्डे तैं बड्डे चोर डाकू तैं भी डर नीं लागता क्यूंक जिसनैं लुगाई का सामना कर लिया वो चोर–डाकू नैं तो समझै ए के गा?

5. उणकी तो किस्मत फूटगी जिणकी लुगाई छोड़–छोड़ भाजगी अर उणकी कती फूटगी जिणकी इब्बे तांही नीं भाज्जी.

6. सफल शादी की तरकीब– जद थारी गलती हो तो बोलबोल्ला होकै मान ल्यो अर जद थारी गलती नां हो तो चुप रहो.

7. ब्याह एक इसी जंग है जित दुश्मन गैल सोणा जरूरी है.

8. जो लुगाइयां ब्याह पाच्छै मरगी वे तो फरिश्ते बणगी अर जो जिंदा हैं वे तो छात्ती ठोंक चुड़ैल हैं.

रामप्यारी थियेटर में

एक बर की बात है अक लाड़–चाव करण के चक्कर मैं नत्थू एक दिन रामप्यारी तैं फिलम दिखाण ले ग्या. फिल्म मैं बरसात का सीन आया तो रामप्यारी सीट तैं खड़ी होगी अर बोल्ली– हां ओ! बैठ्या के हो, घरां भाज ल्यो. नत्थू बोल्या– इसमैं घरां भाज्जण की के बात है? इब्बे तो पिक्चर एक घंटे की और बाकी है. रामप्यारी बोल्ली– इस मींह मैं मेरे गोस्से भीजगे तो चूल्हे मैं के तेरे हाड़ जलाऊंगी?

आंखों का काजल

एक बर की बात है अक रामप्यारी ताई की आंख दुखणी आगी. आंख कती लाल होगी अर हर टैम पाणी बहणा शुरु हो ग्या. बेचारी घणी ए दुखी होगी तो एक दिन सुरजे वैद धोरै गई. वैद जी नैं उसकी आंख देखकै कही– इन आंख्यां मैं घर का बणाया होया काज्जल घाल ले, दो दिनां मैं ठीक हो ज्यैंगी. ताई रामप्यारी तैड़ दे सी बोल्ली– तेरा ताऊ जब जीवै था तो काज्जल घाल्या था, मसा ए रो–रो कै काढ्या है.

कप्पल केस

एक बर की बात है अक ताऊ देवीलाल लोगां की शिकायत सुण–सुणकै मौके पै निपटारा करण लागरे थे. अर उन दिनां मैं रामप्यारी एक स्कूल मैं मास्टरणी लागरी थी. जद उसका नंबर आया तो ताऊ नैं बूज्झी– हां बोल, तन्नैं के दिक्कत है? रामप्यारी बोल्ली– जी मेरा घरआला भी मास्टर है अर हम दोन्नूं अलग–अलग शहरां मैं नौकरी कर रे हां, म्हारी एक्के स्टेशन पै बदली करवा द्यो. ताऊ उसतैं समझाते होये बोल्या– देखांगे बेट्टी, ट्रांसफर पै तो बैन लग रह्या है. रामप्यारी नैं सोच्ची माड़ा सा और जोर लगा ले अर बोल्ली– जी म्हारा तो कप्पल केस है. ताऊ भी बोल्या– बावली! मैं चंड़ीगढ़ रहण लाग रह्या अर तेरी ताई तेजाखेड़ा मैं पड़ी सै, म्हारा के कप्पल केस कोनीं?

रामप्यारी गुम

एक बर की बात है अक रामप्यारी अपणे घरआले की जान नैं रोज क्लेश राख्या करती है. फेर एक दिन नत्थू अपणी घरआली तैं मेले मैं घुमाण ले ग्या. मेले की भीड़ मैं रामप्यारी तो गुम होगी. नत्थू नैं पहल्ले तो वा ढूंढी पर फेर वो भाजकै डाकखाने गया अर जाकै पोस्टमास्टर आग्गै हाथ जोड़कै बोल्या– जी! मेरी लुगाई खूगी है, रिपोर्ट लिख ल्यो. पोस्टमास्टर बोल्या– तूं आड़ै के डोक्के लेण आया है, थाणे मैं जा. नत्थू बोल्या– जी खुशी मैं मन्नैं बेरा नीं पाट रह्या अक कित जाणा है?

फालतू खर्चा

एक बर की बात है अक नत्थू कालेज मैं पढ़्या करता अर उसका बाब्बू बेचारा कती अनपढ़ था. नत्थू रोज अपणे बाब्बू तैं किसी नां किसी बहाने तैं कुछ पीसे खोंस लिया करता अर बहाने भी इसे कसूत्ते बणाता अक उसके बाब्बू तैं समझ नीं आते अक के चीज ल्याण की कह रह्या है? एक दिन नत्थू बोल्या– ल्या बाब्बू! तावली सी पांच सौ रुपिये दे दे. बाब्बू नैं बूझ ली– क्या खात्तर चहिय बेट्टा? नत्थू बोल्या– कालेज मैं जाऊं सूं तो कोय यार–प्यारा मिल ज्यै, तो जेब मैं कुछ रुपिये होणे चहियं. उसका बाब्बू बोल्या– भाई! तेरै तैं कोय मिलै उसतैं पहल्ले तैं ए नां उसतैं मिल लिया कर.

शेर की घबराहट

एक बर की बात है अक नत्थू अर रामप्यारी मैं इस बात की तकरार रह्या करती अक वो उसतैं कितै घुमा–फिराकै कोनीं ल्यावै. कारण न्यूं था अक उसकी घरआळी रामप्यारी मोट्टी तो इतणी थी जणूं बारह मन की धोब्बण हो पर थी कसूत्ती चकाचक. जी उसका इतणा छोट्टा था अक चूहे तैं भी देखकै कांपण लाग जाती. इस मारी उसनैं उस गैल कितै आण–जाण मैं शर्म सी आया करती. एक दिन जद वा कसूत्ती पाच्छै पड़गी अर घूम्मण की जिद्द लगाये रही तो नत्थू अपणै गैल सर्कस दिखाण ले ग्या. दोन्नूं जणे बैठै सर्कस देखैं अर छील–छील मूफलियां खावैं. इतणी बर मैं स्टेज पै शेर अपणे करतब दिखाण आया. रामप्यारी तो डर कै मारे एक्केदम कांपण लाग्गी. फेर वा नत्थू के मोड्डे पै हाथ धरकै बोल्ली– मन्नैं आड़ै तैं ले चाल नीं तो यो शेर मन्नैं ठा कै ले ज्यैगा. नत्थू बेफिक्री तैं बोल्या– चिंता मत नां करै, शेर क्रेन कोनीं ले रह्या अर तेरे तैं मोड्डे पै ठाकै के उसनैं मोड्डे तुड़ाणे हैं?

रामप्यारी पीहर मैं

एक बर की बात है अक सुरजा अपणे छोट्टे भाई तैं बोल्या– मन्नैं किमें काम है अर तूं तेरी भाभी नैं पीहर तैं ले आ. अर देखिये मेरी सुसराल मैं घणा बोलकै बेइजती नां करा दिये. नत्थू बोल्या– तो के मैं किमें भी नां बोल्लूं? सुरजा उसतैं समझाते होये बोल्या– बस घणा नां बोलिये, तेरे पै किमें पूच्छै तो हां या नां कहता रहिये. नत्थू सज सिंगरकै सुरजे की ससुराल जा पहोंच्या अर चौड़ा होकै बैठ ग्या. सुरजे की सास्सू उसका सिर पुचकारकै बोल्ली– बेट्टा राजी खुशी? नत्थू बोल्या– नां. वा बोल्ली– क्यूं रै, म्हारा जमाई सुरजा तो राज्जी होगा? नत्थू बोल्या– नां. वा बोल्ली– तेरै तैं भेज्या है तो के सुरजा मर ग्या? नत्थू बोल्या– हां. इतणा सुणते ही दुहात्थड़ पड़गी अक रामप्यारी राण्ड होगी. नत्थू तो उठकै इस्या भाज्या अक घरां आकै रुक्या. सुरजा उसतैं देखते ही बोल्या– आं रै तेरी भाभी नैं कोनीं ल्याया? नत्थू बोल्या– के ल्याता वा बेचारी तो रांड होगी. सुरजा छोह मैं बोल्या– रै ऊत के साले! वा किस तरियां राण्ड होगी, मैं तो उरै ए बैठ्या हूं. नत्थू बोल्या– चार महीन्नां पहल्ले बुआ राण्ड होई थी जद भी तो तैं उरै ए बैठ्या था.

रामप्यारी का मोटापा

एक बर की बात है अक रामप्यारी खा–खाकै गूंद अर हलवा इतणी मोट्टी होगी अक नां चाल्या जै अर नां हाल्या जै. उसनैं रामदेव का योग करकै देख्या, फेर उसनैं दो टैम की सैर शुरु करी पर उसका तो एक ईंच भी वजन कम नीं होया. हारकै उसनैं सोच्ची अक इस मोटापे के तान्ने सहण तैं तो मरणा भला. न्यूं सोचकै वा घर की तीसरी मंजिल पै चढ़ी अर तैड़ दे सी तलै डाक मार दी. जान तो लिकड़ी नीं पर हाड़–गोड्डे कती फूटगे अर पड़ते ही बेहोश होगी. फेर हस्पताल जाकै होश आया. अचंभे तैं बोल्ली– आं रै नत्थू मैं मरी कोनीं, तो के मैं जीऊं हूं? नत्थू बोल्या– तूं तो जीवै है रांड पर वे तीन्नूं मर लिये जिन पै तूं जाकै पड़ी थी.

प्यार का इजहार

एक बर की बात है अक नत्थू डरपोक किस्म का छोरा था अर उसनैं रामप्यारी भोत आच्छी लाग्या करती. वो अपणै जी की बात उसतैं कहण मैं डर्या भी भोत करता अर शर्माया भी भोत करता. एक दिन रामप्यारी राह मैं दिखगी तो उसनैं हिम्मत करकै उसका हाथ पकड़ लिया. रामप्यारी कसूत्ते छोह मैं आगी अर बोल्ली– ये के लक्खण हैं? नत्थू डर के मारे और किमें तो बोल नीं पाया अर बोल्या– बेब्बे डरगी, बेब्बे डरगी.

सात जनम का साथ

एक बर की बात है अक नत्थू अपणी लुगाई गैल किमें घणी ए मीठी–मीठी बात करै था. रामप्यारी के लाड़ करते होये नत्थू बोल्या– देक्खे! तेरा मेरा सात जनमां का साथ है अर आप्पां हर जनम मैं कट्ठे रहवांगे. अर मैं तन्नैं हर जनम मैं न्यूं ए लाड़ करूंगा. रामप्यारी नैं या बात सुणकै गुस्सा आ ग्या अर छोह मैं उसनैं अपणे घरआले के गाल पै एक झाप्पड़ भी रसीद कर दिया अर बोल्ली– क्यूं आठवें जनम मैं के तेरा फूफ्फा साथ देगा?

चूंदड़ी की तरकीब

एक बर की बात है अक रामप्यारी अपणे घरवाले तैं नई चूंदड़ी मंगाण की जिद करै थी. नत्थू उसतैं बोल्या– भागवान! तेरा संदूक तो चूंदड़ियां तैं भर्या पड़्या है, फेर तूं नई चूंदड़ी खरीद कै क्यूं पीसे बरबाद करण लागरी है? रामप्यारी बोल्ली– मेरी ये सारी चूंदड़ी तो गामआल्यां नैं कई बर देख ली, इब नई दुवा दे. नत्थू उसतैं समझाते होये बोल्या– तो फेर चाल, चूंदड़ियां मैं पीसे खोण की के जरूरत है, आप्पां गाम ए बदल ल्यांगे.

बहू मरण का दुख

एक बर की बात है अक नत्थू की घरआली रामप्यारी घेर मैं बैट्ठी भैंस की धार काढ़ै थी अर भैंस कसूत्ती बिचरगी. रामप्यारी उसतैं काबू करण लाग्गी तो भैंस का सींग रामप्यारी के पेट मैं गड़ ग्या. घणा ए ईलाज कराया पर चौथे दिन रामप्यारी के प्राण लिकड़गे. नत्थू की बहू के मरण का समाचार मिलते ही सुरजा भभक–भभक कै रोण लाग्या तो नत्थू बोल्या– रै! बहू तो मेरी मरी है, तैं क्यां तैं जान देण नैं हो रह्या है? सुरजा बोल्या– इस मारी रोऊं हूं अक बहू मेरी नीं तेरी मरगी.

जान देने का वाला

एक बार की बात है रामप्यारी अर नत्थू मैं कसूत्ती तकरार होगी. भूंडी–भूंडी बकैं आपसरी मैं अर गद्दम–चक्का हो रे थे. फेर ताना मारते होये रामप्यारी नत्थू तैं बोल्ली– आं रै! ब्याह तैं पहल्यां तो तैं मन्नैं अपणी जान तक देण नैं तैयार बैठ्या था अर इब बात–बात पै बिदकै है. नत्थू बोल्या– इब कोनी द्यूं, मन्नैं बेरा है नैं इब द्यूंगा तो तैं साच्ची ए ले लेगी.

एक्सक्यूज मी

एक बर की बात है अक नत्थू कालेज मैं पढण लाग्या अर उसनैं रामप्यारी नाम की छोरी पसंद आगी. उसनैं रामप्यारी गैल बोलण की कोशिश तो भोत करी पर बोल नीं पाया. उसके एक ढब्बी सुरजे नैं नत्थू मैं हिम्मत भरते होये कही– रामप्यारी के पास जाकै एक्सक्यूज मी बोल अर अपणे मन की बात बेझिझक बोल दे. नत्थू होंसला करकै रामप्यारी धोरै गया अर बोल्या– एक्सक्यूज मी मैडम! मैं आपतैं ब्याह करणा चाहूं हूं. रामप्यारी नैं घूरकै नत्थू की तरफ देख्या अर फेर जोर तैं बोल्ली– कुएं मैं पड़, तेरे बरगे सत्तर हांडते फिरै हैं. अर न्यूं कहते–कहते आग्गै नैं चाल पड़ी. नत्थू बोल्या– मैडम एक्सक्यूज मी कह राखी है, बात पूरी सुनणी पड़ैगी, थम न्यूं नीं जा सकती.

बीड़ी का बंडल

एक बर की बात है अक एक दिन सुरजे नैं अपणे छोरे की गोज मैं बीड़ी का बंडल पा ग्या. वो छोरे तैं बुलाकै धमकाते होये बोल्या– बस या ए कसर थी तैं इब तैं पहल्यां बीड़ी भी फूंकण लाग ग्या? नत्थू एकदम बोल्या– नां बाब्बू बीड़ी पीण का तो नाम ए कोनीं, मैं तो रात नैं इन्हांनैं चास–चास कै माच्छर भजाया करूं.

रामप्यारी की रिपोर्ट

एक बर की बात है अक नत्थू अर रामप्यारी की आपसरी मैं जमा भी नीं बण्या करती अर वे बात बात पै कुत्ते–बिल्ली की ढाल लड़्या करते. एक बर किसी झगड़े पै नराज होकै रामप्यारी घर तैं भाजगी अर कई दिनां तक नीं आई. नत्थू ऊप्पर तैं तो दुखी दिख्या करता पर अंदर ए अंदर वो घणा ए खुश था अक चलो पीच्छा छुट्या. नत्थू आस–पड़ौस के डर तैं रामप्यारी के भागण की रपट लिखाण थाणे गया. थाणेदार नैं पूच्छी– तन्नैं आखरी बर रामप्यारी तैं कद देख्या था? नत्थू बोल्या– जी दो महीन्ने पहल्यां देख्या था. थाणेदार उसतैं खड़काते होये बोल्या– अरै बावली बूच! तैं दो महीन्ने पाच्छै रिपोर्ट लिखाण क्यां तैं आया है? थाणेदार तैं समझाते होये नत्थू बोल्या– साब! बात या है अक वा घर तैं तो कई बर पहल्ले भी भाज ली थी पर हर बार दो–चार दिनां बाद आप्पे आ जाया करती पर इब मन्नैं यकीन है अक वा सही मैं ए भाग्गी है.

प्रेम गीत

एक बर की बात है अक नत्थू खेत तैं निपटकै सांझ नैं घरां पहोंच्या. असल मैं वो खेत गया ए नीं था अर वो पिक्चर देखकै आया था अर पिक्चर के गाने उसकी जीभ पै धरे थे. पोली मैं बड़ते ही उसनैं रामप्यारी तैं देखकै एक गाने लाइन गाणी शुरु कर दी– सौ साल पहले मुझे तुम से प्यार था, आज भी है और कल भी रहेगा. रामप्यारी के मोड्डे पै अर कदे ठोड्डी पै हाथ लगा–लगा कै उसनैं या लाइन कई बर गाई. रामप्यारी तो ऊं ए भरी बैठ्ठी थी क्यूंक उसके जुड़वां टाबरां नैं उसके नास्सां मैं धुम्मा दे राख्या था. जद नत्थू नैं दुबारा वा ए लाइन गाई अक सौ साल पहले मुझे तुमसे प्यार था तो यो गाणा सुणकै रामप्यारी अपणी कैलकुलेशन भिड़ाण लाग्गी अर सोच्चण लाग्गी– सौ साल पहल्ले यो मेरे तैं प्यार करै था तो उस टैम 18–20 साल का तो होगा अर इब भी करै है तो के यो सवा सौ साल का हो रह्या है, वा नत्थू तैं छोह मैं बोल्ली– रै कमीन! तैं आदमी है अक भूत?

घुड़दौड़ के घोड़ें

एक बर की बात अक नत्थू अर सुरजे नैं घोड़े खरीदकै घुड़दौड़ मैं शामिल होण की सोच्ची पर दोन्नूं घोड़े एक जिसी शकल के थे तो नत्थू बोल्या– पिछाण खात्तर मैं अपणे घोड़े की आधी पूंछ काट दयूंगा. आगले दिन सुरजे के टाबरां नैं सुरजे के घोड़े की पूंछ भी आधी काट दी. इब नत्थू बोल्या– भाई! पिछाण खात्तर मैं इस घोड़े का एक कान काट दयूं हूं. आगले दिन सुरजे के अलबादी टाबरां नैं सुरजे के घोड़े का भी कान काट दिया. हारकै नत्थू बोल्या– भोत हो ग्या यार, सफेद घोड़ा मेरा अर काले वाला तेरा.

खराब घड़ी

एक बर की बात है अक नत्थू नैं नई घड़ी खरीद ली अर वो उसतैं रोज बांधकै राज्जी होया रहवै था. बात–बात मैं टैम देखै अर इतरावै. थोड़े से दिन होये थे अक घड़ी चाल्लण तैं बंद होगी. नत्थू नैं घड़ी खोल ली अर देख्या तो उसमैं एक मच्छर मर्‌या पड़्या था. नत्थू रोणी सी सूरत बणाकै बैठ ग्या. उसकी घरआली बोल्ली– नासपिट्‌टे! क्यूं भूंडा मुंह बणा रह्‌या है? नत्थू बोल्या– ए बावली! मेरी घड़ी का डरैवर मर ग्या ज्यां तैं रोऊं हूं.

किस्मत का हवाई जहाज

एक बर की बात है अक नत्थू की अपणी घरआली रामप्यारी तैं कती नीं बण्या करती क्यूंक उसकी शकल–सूरत उसनैं कती पसंद नीं थी. वो तलाक की सोच्चण लाग्या पर बिल्ली के भाग का छींका टूट ग्या. एक दिन मां–बेटी खेत मैं गई तो एक हवाई जहाज पड़ ग्या अर मां–बेटी दोन्नूं खतम होगी. घरआली तैं पीच्छा छूटते ही नत्थू नैं दूसरा ब्याह कर लिया तो एक दिन उसका ढब्बी सुरजा आया पर उसनैं नत्थू की दूसरी लुगाई का नीं बेरा था. देखते ही बोल्या– रै डाकी! या परी तन्नैं कित मिलगी? नत्थू बोल्या– किते नां मिली. या तो मेरी किस्मत का हवाई जहाज लेकै उतरी है.

ब्याह की आस

एक बर की बात है अक नत्थू धोबी बात–बेबात अपणे गधे नैं खूब कूट्‌या करता. उसके गधे नैं या बात एक दिन धोबी घाट पै दूसरे गधे तैं बताई तो वो बोल्या– बावलीबूच! इसनैं छोड़कै भाज क्यूं नीं जाता, यो तेरे हाड़–गोड्‌डे जमा ए तोड़ देगा तो के करैगा? पहलड़ा गधा बोल्या– भाज तो जाऊं पर इसकी एक छोरी है जणूं पद्‌मावती हो अर यो रोज उसतैं कहवै है अक घणी अलबाद करी तो तेरा ब्याह इस गधे गैल कर दयूंगा, इस मारी पड़्या हूं.

कौन डरता है

एक बर की बात है अक रामप्यारी अर नत्थू मैं कसूत्ती तकरार होगी. किसी नां किसी बात पै तकरार तो रोज ए होया करती पर आज तो जमा ए जूत बाज्जण की नौबत आगी थी. बात इतणी सी थी अक रामप्यारी नैं पीहर जाण की रट लगा राखी थी अर नत्थू उसतैं समझावै था अक इब्बे लामणी के दिन हैं, फेर चली जाइये पर वा क्यां ए तैं नीं मान्नै थी. नत्थू अपणी लुगाई तैं भोत घणा तंग हो लिया तो उसनैं छोह मैं कही– बस कर भागवान बस कर, नीं तो मेरे भीत्तर का जानवर जी उठैगा तो भूंडी बण ज्यैगी. उसकी बात सुणकै रामप्यारी बोल्ली– उठ लेण दे, उंह भी चूहे तैं कुण डरै है?

टूटी सैंडिल

एक बर की बात है अक रामप्यारी का सैंडल टूट ग्या. उसनैं अपणे बाब्बू तैं कही– बाब्बू मेरे सैंडल टूटगे, मन्नैं नये दुवा दे. बाब्बू बोल्या– थ्यावस राख, काल दुवा द्यूंगा. आगले दिन रामप्यारी फेर बोल्ली– इब तो दुवा दे. बाब्बू बोल्या– आज तो टैम कोनीं काल देखांगे. न्यूं पूरा सप्ताह काढ़ दिया. फेर एक दिन रामप्यारी अपणे बाब्बू तैं दुखी होकै बोल्ली– जद सारा गांम मेरी पाट्टी होयी एड्डी देख लेगा, जद दुवावैगा के?

आ गया

एक बर की बात है अक नत्थू जद भी आफिस तैं छुट्टी होये पाच्छै घरां आता तो उसकी घरआली रामप्यारी जरूर पूछती– तूं आग्या के? नत्थू यो सवाल सुणते ही चमककै पड़ता अर अपणी बेइजती समझता. फेर उसनैं एक दिन अपणी लुगाई तैं बिठाकै आच्छी ढाल़ समझा दिया अक जद मैं आऊं तो ढंग तैं पूच्छ्या कर अक आप आगे? फेर आगले दिन नत्थू सांझ नैं घरां आया तो रामप्यारी सवेरै सुणी होई नसीहत याद करते होए बोल्ली– तूं आप्पे आ ग्या? नत्थू मात्थे पै हाथ धरकै बोल्या– नां पुलिस छोड़कै गई है.

सगाई की रिंग

एक बर की बात है अक रामप्यारी अर नत्थू की सगाई होण वाली थी अर वे सगाई तैं पहल्यां कोय बहान्ना करकै पार्क मैं मिलण पहोंचगे. फेर रामप्यारी लाड़ लड़ाते होये नत्थू तैं बोल्ली– जद तेरे गैल मेरी सगाई हो ज्यै तो मन्नें रिंग दे दियो. नत्थू के आंट मैं आण आल़ा था? वो भी लाड़ लड़ाते होये बोल्या– रिंग जरूर दे द्यूंगा, बता तेरा फोन नंबर के है?

अकल की खरीददारी

एक बर की बात है अक नत्थू अर उसकी बहू रामप्यारी का जूत बाज ग्या. वा बोल्ली– तू तो है ए बावला पर के रोऊं अपणे करमां नैं, अकल के खरीदकै ल्यायी जा सकै है? नत्थू का जी टूट ग्या अर वो अकल खरीदण चाल पड़्या. राह मैं कोय इंजीनियर मिल ग्या तो नत्थू नैं हिम्मत करकै बूझ ली– भाई कितणे मैं देगा अकल? वो बोल्या– 15000 रुपियां की. नत्थू लेण तैं नाट ग्या अर सोच्ची आगै जाकै किमें भाव–तोल करकै ले लेगा. राह मैं एक मास्टर मिल गया तो वो ही सवाल उसतैं भी पूछ मारा. मास्टर बोल्या– अकल मिलेगी 8000 रुपियां मैं. नत्थू का जी नीं मान्या तो आग्गै सी जाकै एक हाळी धोरै बैठ ग्या खेत मैं. उसतैं भी पूच्छण लाग्या अक अकल कितणे मैं देगा? हाळी बोल्या– रुपिये लागैंगे पूरे 25000 कती इस्तेमाल नां कर राखी, एकदम प्योर है.

रामप्यारी की शक्ल

एक बर की बात है अक नत्थू नैं छोरियां के सूट–दुपट्टां की दुकान कर ली अर दुकान के दरवाज्जे पै एक तोता लटका दिया. एक दिन रामप्यारी कुछ खरीदण आई तो तोता बोल्या– ए तेरै तैं भूंडी शक्ल की छोरी मन्नैं दुनिया मैं नीं देखी. रामप्यारी नैं छोह मैं दुकनदार तैं आवाज मारकै कही– यो थारा तोता तो भोत घणा बदतमीज है अर किसा भूंडा बोल्लै है? जै आग्गै तैं भी यो न्यूं ए बकैगा तो मैं तो थारी दुकान पै कदे पांव नीं टेकूंगी. नत्थू छोह मैं तोते तैं धमकाते होये बोल्या– अरै ओ जमाई! तन्नैं मैं गाहक पटाण नैं ल्याया था अक भजाण नैं? फेर वो उस छोरी तैं समझाण लाग्या– थम परवाह नां करो, मन्नैं इसतैं समझा दिया है. आज के बाद यो इसी बात नीं कहवैगा. रामप्यारी जरूरत की चीज लेकै डिगरगी. कई दिनां बाद रामप्यारी उड़ै फेर आई तो तोते नैं वा ए बात बोल दी. छोरी नैं नत्थू तैं फेर शिकायत करी. नत्थू पिंजरे धोरै जाकै बोल्या– ओ अलबादी! जै तन्नैं हटकै किमें कही तो तेरे पंख मरोड़ कै कुएं मैं फैंक द्यूंगा, खबरदार! जै दुकनदारी खराब करी, समझ जाइये. रामप्यारी अपणा समान लेकै बोलबाल्ली चली गई. इब वा कई दिनां पाच्छै दुबारा आई तो तोता उसतैं देखते ही बोल्या– देख ए! तन्नैं मैं कुछ कहूंगा तो कती नीं पर बेरा तन्नैं भी जरूर है अक मैं के कहणा चाहूं हू?

सास का खत

एक बर की बात है अक टाबरां की छुट्टियां मैं रामप्यारी अपणे बड़ले तीन टाबरां नैं लेकै पीहर आगी पर अपणे चार साल के छोटले छोरे नैं उसकी दाद्दी धोरै ए छोड़ आई. छोरे नैं रो–रो कै घर भर दिया तो दाद्दी नैं उसतैं कई ढाल पुकार्‌या अर सात भांत की चीज दुवा दी पर वो क्यां ए तैं चुप नीं होया तो उसकी दाद्दी नैं रामप्यारी धोरै चिट्‌ठी लिखवाई अक छोरे का जी नां लग रह्‌या तावली सी आ ज्या. रामप्यारी क्यां तैं आवै थी? उसनैं उल्टी चिट्‌ठी गेर दी अर उसमैं लिख दिया– आपणैं न्यूं तो लिख्या ए नीं अक थारे छोरे का जी नीं लागता अक मेरले का?

चाय का चस्का

एक बर की बात है अक नत्थू नैं दिल्ली के पढ़े–लिखे परिवार की छोरी रामप्यारी तैं ब्याह कर लिया अर गांम लियाया. रामप्यारी जद दूसर आई तो वा अपणे गैल अपणा एक कुत्ता भी लियाई. कुत्ता देखकै उसके सुसरे कै तो कालजे मैं छेद सा हो ग्या अर उसकै जी मैं न्यूं आई अक इस कुत्ते नैं जंगल मैं छोड़ आऊं अर के डोग्गा मार–मार इसका कचूमर काढ़ द्यूं पर उसनैं अपणा आप्पा नीं खोया अक बहू इब्बे नई–नई है, कदे बिदक नीं ज्यै तो उसका सुसरा बोल्या– ए बावली! इस कुत्ते की जगहां भैंस लियाती तो अपणैं पीण नैं चोखा दूध हो जाता अर फेर आप्पां सारे पीते ठाठ तैं. बहू बोल्ली– पिता जी! मैं तो दूध पीती ही नीं, चाय पीती हूं. सुसरा भी के घाट था, बोल्या– यो के चाय जोग्गा दूध दे देगा?

नो चैकिंग

एक बर की बात है अक नत्थू स्कूटर पै बैठ्‌या किते जावै था पर राह मैं ए पैट्रोल खतम हो ग्या. बेचारा पैदल उसनैं खींचता ल्यावै था अर करड़ा दुखी हो लिया था. उसनैं रास्ते मैं एक खेत मैं ताऊ बैठ्‌या दिख्या तो नत्थू बोल्या– ताऊ! आज तो पैट्रोल खतम हो ग्या तो ताऊ बोल्या– दाब ले ज्या, दाब ले ज्या, आड़ै कोय नां चैक करता.

मोरल ग्राऊंड

एक बर की बात है अक नत्थू एमपी बण ग्या पर रिश्वतखोरी के आरोप मैं फंस ग्या. दिल्ली के नेता बोल्ले– भाई! तन्नैं मोरल ग्राऊंड पै इस्तीफा दे देणा चहिय. नत्थू बोल्या– राम लीला ग्राऊंड तो दिल्ली मैं है, ब्रिगेड परेड ग्राउंड कलकत्ता मैं पर यो मोरल ग्राऊंड कित है, बता द्यो.

फोन की घंटी

एक बर की बात है अक नत्थू के घरां फोन लाग ग्या तो एक दिन वो तैं जा रह्या था डबवाली अर उसके घर के जा रे थे भटिंडा. तो अचानक उनका फोन बाज्जण लाग्या. वो घणी देर बाज्जे गया क्यूंक उणकै कोय फोन ठाण आला ए नीं था. फेर उणकै घर के सहारे ताई रामप्यारी बैट्ठी थी. उसनैं उणके दरवाज्जे धोरै जाकै रुक्का मार्‌या– रै भाई! इणकै घरां तो कोय कोनीं, बाद मैं कर लिये.

मां से बड़ी रामप्यारी

एक बर की बात है अक रामप्यारी बस की बाट देखै थी. मोटर साईकल पै दो छोरे उस धोरै आकै रुके अर बोल्ले– राफ्ता राफ्ता देखो आंख मेरी लड़ी है. रामप्यारी नैं छोह आ ग्या अर लाल–पीली होती होयी बोल्ली– आंख जिसतैं लड़ी है वा तेरी मां तैं भी बड़ी है. छोरे छोड्‌डण आले कित थे, सैड़ दे सी बोल्ले– मां तैं भी बड़ी है तो के दाद्दे खात्तर खड़ी है?

लाल पीली रामप्यारी

एक बर की बात है अक रामप्यारी सजी–धजी स्टेशन पै गाड्‌डी की बाट मैं खड़ी थी. रूप–रंग तो रामजी नैं जी खोल कै दे राख्या था अर ऊप्पर तैं लशकारे मारता होया सूट गाड़ राख्या था. उसतैं देखकै कॉलेज का एक छोरा नत्थू उसकै धोरै आकै चुहलबाज्जी करते होये बोल्या– आं ए! ब्याह कद करवावैगी? रामप्यारी बोल्ली– क्यूं फेरां पै बीजणा करैगा के? नत्थू बोल्या– मेरै जी मैं न्यूं है अक मोड़ बांध कै आऊं. रामप्यारी का पारा तो सातवें आसमान पै पहोंच ग्या अर उसनैं काढ़कै छित्तर नत्थू की धुनाई कर दी. धोरै खड़्या था ताऊ सुरजा. वो रामप्यारी तैं बोल्या– बेट्‌टी! इस छोरे नैं मोड़ तो कोन्या बांध्या पर तन्नैं झाड़ कसूत्ता दिया.

नून और गंठे

एक बर की बात है अक नत्थू की रोट्‌टी लेकै रामप्यारी खेत मैं गई तो नत्थू नैं कस्सी एक ओड़ नैं धरकै हाथ धोते होये पूच्छी– के ल्याई है आज खाण नैं? रामप्यारी लाड़ सा लड़ाते होये बोल्ली– आज तो रोट्‌टी, नून अर गंठे ल्याई हूं. नत्थू बोल्या– थारा तो कती राम लिकड़ रह्या है, दो–दो सब्जी एक साथ ल्याण की के जरूरत है, घर का नास करेगी के?

बढ़िया बटेऊ

एक बर की बात है अक ताऊ सुरजा किमें असूलां का घणा ए पक्का था. उसनैं कसूत्ती कसम खा राखी थी अक छोरे के ब्याह मैं एक रुपिया लेगा अर छोरी के ब्याह मैं एक रुपिया देगा. अर पांच तैं घणे आदमियां की बरात का तो वो बैरी था. छोरा तो छोट्टा था पर छोरी ब्याण जोग्गी हो ली थी पर उसनैं मनचाहा वर नीं मिल्या था. आखिर मैं उसनैं सुरजा मिल ग्या अर वो एक रुपिये अर पांच बराती की शर्त पै ब्याह वास्तै राज्जी हो ग्या तो उस गैल छोरी ब्याह दी. आगले दिन जद वो फेरा लवाण गया तो सासरे मैं नत्थू की भोत घणी खात्तरदारी होई. दो गिलास तो भरकै उस तांहीं दूध प्या दिया अर लाड़्डू बर्फी खुवा दिये. सांझ नैं सोण कै टैम और दूध प्या दिया. अर रात नैं उसकै तो उलटियां लाग्गी अर उस पै उठ्या भी नीं गया अर बेचारे नैं जो खाया था वो बिस्तर मैं ए उलट दिया. सवेरै उसकी साली रामप्यारी सफाई करण गई तो बिस्तर देखकै भूंडी–भूंडी गाली बकण लाग्गी. फेर उसकी सास्सू नैं बेरा लाग्या तो वा भी लाग्गी बकण अनाप–शनाप. उनकी गालियां सुणकै नत्थू बोल्या– न्यूं तो बता द्यो अक थम गालिया क्यां खात्तर बको हो? किमें खर्चा करते तो बढ़िया बटेऊ मिलता. एक रुपिये अर पांच बरातियां मैं तो मेरे बरगा ए मिलैगा.

पहचाना क्या

एक बर की बात है अक नया–नया ब्याह होये पाच्छै नत्थू अपणी सुसराल गया तो जाकै जूते काढ़कै जुराब पहरे–पहरे खाट पै लेट ग्या. इतणी देर मैं घर का एक बालक किवाड़ खोलकै आया अर देखकै वापिस चल्या गया. बटेऊ नैं भी देख लिया था. वो बालक फेर दुबारा आया अर देखकै चल्या गया. दुबारा बटेऊ नैं भी देख लिया कै बालक आया था. तीसरी बर बालक फेर आया अर बोल्या– फूफ्फा! मैं पिछाणा के? बटेऊ नाट ग्या कै कोनीं पिछाणा. बालक भी हाई था बोल्या– इब्बे आया था अर.

बटेऊ का सत्कार

एक बर की बात है अक नत्थू अपणी घरआली रामप्यारी नैं लेण सुसराल चल्या गया. सुसराल मैं उसका खूब आदर–सत्कार होया अर सास्सू नैं जी लाकै खात्तरदारी करी. आगले दिन जद नत्थू अंगड़ाई लेता होया उठण लाग्या तो उसके सुसरे तैं डंट्या नीं गया अर बोल्या– पड़्या रह नैं, सांझ नैं तो सौ रुपियां की माता सी धोक कै सोया था, इब फेर के सिर उघाड़ै है?

हरियाणे का

एक बर की बात है अक नत्थू किसी सरकारी महकमे मैं इंटरव्यू देण नागपुर गया तो अफसर नैं उसतैं बूज्झी– कहां के हैं आप तो नत्थू बोल्या– हरियाणा का हूं जी. फेर अफसर बोल्या– आपकी क्वालीफिकेशन क्या हैं तो नत्थू बोल्या– जी बताया तो है अक मैं हरियाणे का हूं.

सोडा अर दारू

एक बर की बात अक नत्थू सुसराल गया तो उड़ै जाकै साले के सामीं दारू की जिद्द करण लाग्या. बटेऊ की जिद्द पै उसके साले नैं भी प्याण की ठाण ली. अपणे ढब्बी सुरजे तैं भी गैल ले लिया अर आंट मैं दो आधिये दाबकै खेत आले कोठड़े मैं तीन्नूं चाल दिये. जद वे उड़ै पहोंच्चे तो ध्यान आया अक सोड्डा ल्याणा तो भूलगे. हारकै फैसला होया अक सुरजा भाजकै सोड्डा लेकै आवैगा अर शर्त या थी अक पाच्छै तैं नत्थू अर उसका साला भुगड़े अर भुजिया नीं खावैंगे जो वे दारू गैल चाब्बण नैं ल्याये थे. दोन्नूं मानगे अर फेर एक घंटा बीत ग्या, दो घंटे बीतगे अर सांझ होण नैं होगी तो नत्थू अपणे साले तैं बोल्या– चल मेरे यार एक दो मुट्ठी भुगड़े ही खा लेवां. इतणी बात सुणते ही चाणचक सुरजा किवाड़ के पाच्छै तैं लिकड़ कै आया अर बोल्या– न्यूं करोगे तो मैं सोड्डा लेण नीं जाऊंगा.

घी अर खांड

एक बर की बात है अक सुरजा पहोंच्या अपणी सुसराल. बटेऊ तैं सांझ नैं जद उसकी सास्सू रोट्टी खुवाण लाग्गी तो खांड मैं घी ओज्जण लाग्गी तो सुरजे का छोटला साला नत्थू बोल्या– मां! माड़ा सा घी मेरै भी घाल दे. रामप्यारी बोल्ली– बेट्टा! तेरा जीज्जा घी–खांड छोडैगा वा ए खा लिये, इब्बे डंट ज्या. इब जीज्जा खाणा खावै था अर नत्थू धोरै बैठ्या घी–खांड की कटोरी कानीं देखै था. जीज्जा तो सुवाद ले–ले खाये जावै था अर धीरे–धीरे खांड अर घी तो खतम होण आल़ा हो ग्या था. जद थोड़ी सी बची अर जीज्जा एक बड़े से टूक कै लगाकै वा भी खाण नैं होया तो नत्थू जोर तैं चिल्लाया– मां! जीज्जा तो मास्सा भी नीं छोड़ रह्या, यो तो दीखे आज पहल्ली बर ए खांड–बूरा खा रह्या है. नत्थू की मां नैं उसतैं भूंडी सी गाल़ देकै खड़्या कर दिया अर बोल्ली– बेट्टा! न्यूं नीं कह्या करते, तैं भी कदे तो किसी का बटेऊ बणैगा, फेर तैं भी सुसराल जाकै इस भुक्खे की ढाल़ खा लिये.

गूंगी बहू

एक बर की बात है अक रामप्यारी स्वभाव की भोत घणी तेज थी अर उस खात्तर कोय बर नीं मिल रह्या था. उसका बाब्बू छोरे ढूंढ–ढूंढ हार लिया था. हारकै सुरजा अपणे छोरे नत्थू गैल उसका ब्याह करण नैं राज्जी हो ग्या. ब्याह की तारीख पक्की होगी. सुरजा अपणे छोरे तैं बोल्या– बेट्टा! गाड्डी तैयार कर ले अर उसमैं एक कुत्ता अर मुर्गी बिठा ले अर गैल ए एक कुल्हाड़ी भी धर ले. रामप्यारी नैं ब्याहकै जद वे ल्यावैं थे तो रास्ते मैं कुत्ता भौंक पड़्या. उसकी आवाज सुणते ही सुरजे नैं कुत्ते की नाड़ काट दी. थोड़ी देर मैं मुर्गे नैं बांग दे दी. उसकी भी आवाज सुणते ही सुरजे नैं मुर्गे की घेट्टी काट दी. रामप्यारी तो भीत्तर तक कांपगी अक ये तो घणे खतरनाक माणस हैं जो बोल्लण पै धड़ अलग कर दे हैं. बाब्बू अर बेट्टा बहू लेकै घरां पहोंच्चे तो गांम मैं रुक्का पड़ ग्या. पड़ौस की लुगाइयां बहू देखण पहोंचगी. सबनैं वा सुथरी बताई पर सारे बोल्ले अक भाई या तो गूंगी है अर एक अक्षर भी नीं बोल सकै. इब नत्थू की मां चिल्लाई– रै नत्थू के बाब्बू! या गूंगी म्हारै गले मैं क्यूं बांध दी? सुरजा बोल्या– या गूंगी कोन्या. फेर उसनैं बहू तैं बोल्लण की कही तो वा झट बोल पड़ी. कई दिनां पाच्छै रामप्यारी का बाब्बू उसतैं मिलण आया अर बोल्या– चौधरी साब! या म्हारी छोरी तो भोत चरपटी थी, आपनैं तो या सुधार दी. फेर वो बोल्या अक एक अहसान और कर द्यो कै छोरी की मां नैं और सुधार द्यो वा हर टैम नास्सां मैं धुम्मा राखै है. सुरजा बोल्या– या थारी छोरी तो काच्ची मिट्टी है पर इसकी मां तो कती पका झाकरा हो री है, उसका के सुधारां, उसतैं तो रामजी ए बचा सकै है.

गांम का बटेऊ

एक बर की बात है नत्थू अपणी सुसराल पहल्ली बर गया. रोट्टी खाण तैं पहल्ले वे बैठक मैं वो अर उसका सुसरा सुरजा कट्ठे बैठकै दारू पीण लाग्गे. पीवैं अर भुगड़ां की मुट्ठी भर–भर खावैं. जद दारू चढ़गी तो सुसरा बोल्या– बेट्टा! न्यूं कर या बाल्टी ठाकै भैंस नैं पाणी प्या दे. नत्थू भुंडा सा मुंह बणाकै बोल्या– मैं तो थारा बटेऊ हूं. उसका सुसरा बोल्या– बटेऊ तैं म्हारा है, भैंस का तो कोनीं.

बातों के पकौड़े

एक बर की बात है अक नत्थू का नया–नया ब्याह होया था. ब्याह पाच्छै वो पहली बर अपणी सुसराल गया. बैठक मैं जाकै बैठ्या अर बात्तां के पकौड़े से तारै. उसकी सास्सू, सुसरा अर साली सारे आले दिवाले बैट्ठे बतियावैं थे पर नत्थू किसे नैं भी बोल्लण का मौका नीं दे रह्या था. बीच–बीच मैं के तो सास्सू बोल्लै थी अर के नत्थू बोल्लै था, औरां का तो नंबर ए नीं लाग्या. फेर सास्सू उसतैं समझाते होये बोल्ली– बेट्टा! सुसराल मैं इतणा नीं बोल्या करते. नत्थू कै तो या बात सुणकै आग लागगी. वो सैड़ दे सी बोल्या– तूं के बुआ कै आ री है, तेरी भी तो सुसराल है.

नाम ही नाम

एक बर की बात है अक नत्थू लाइब्रेरी तैं एक किताब लेकै आया, सारी पढ़कै वापिस करण गया अर लाइब्रेरियन तैं बोल्या– के मेरे यार या भी कोय किताब होई? नाम ही नाम लिख राखे हैं, कहाणी–किस्से अर कविता का तो इसमैं कोय नाम है ए नीं? लाईब्रेरी आला बोल्या– रै! तैं तो टेलीफोन की डायरैक्टरी ठा ले ग्या, या भी कोय पढ़ण की चीज है के?

कंजूस सास्सू

एक बर की बात है अक नत्थू अपणी सुसराल जावै था अर उसके मन मैं इस बात का भी कसूत्ता चाव चढ़ रह्या था अक कई दिनां बाद रामप्यारी तैं मुलाकात होगी. सुसराल मैं एक ही बात की चिंता थी अक उसकी सास्सू धाप कै कंजूस थी. जद भी नत्थू जाता तो वा रोट्टी अर चटणी धर दिया करती अर चटणी मैं भी मिर्च ठोंक दिया करती. नत्थू बेचारा खावै सूखे रोट अर सुबकै. इबकै जित बैठकै नत्थू जिम्मै था, उठै धोरै ए बूरे की बोरी धरी थी. पर सास्सू बूरा घाल्लण नैं तैयार नीं थी. रोट्टी के दो गस्से खाते ही नत्थू का मुंह कसूत्ता जल ग्या तो बोरी कानीं हाथ करकै बोल्या– मांजी! अठन्नी की बूरा मोल दे द्यो.

निराली पहचान

एक बर की बात है अक नत्थू स्कूल जाण तैं नाटै था. उसकी मां नैं देकै झोला उसतैं धक्का करकै भेज दिया अर वो रोता–रोता स्कूल जावै था तो राह मैं एक ताऊ नैं रोक लिया. वो लाड़ लड़ाता सा बोल्या– आं रै किस का है? नत्थू नैं जवाब दिया– सुरजे का. ताऊ बोल्या– सुरजे तो गांम मैं कई हैं. तैं कुण से सुरजे का है? नत्थू बोल्या– वो ए जो दारू भोत पिया करै. ताऊ बोल्या– दारू तो आजकल सारे डोच्चैं हैं, किमें ढंग की पिछाण बता. इब नत्थू बोल्या– जिसके सारे बाल धोले हो रहे हैं. ताऊ बोल्या– धोले बाल तो आधे गांम के हो रे हैं. नत्थू बोल्या– जिसकी लुगाई भाजगी थी नां. ताऊ बोल्या– समझ मैं आगी. नत्थू बोल्या– उसके घर तैं चौथा घर है मेरा, तूं के सोच्चै मेरी मां भाजगी. वा कती नां भाज्जै, वा तो बाब्बू नैं भजा दे.

मां फूंक दी

एक बर की बात है अक नत्थू की मां मरी तो गांम के सारे आदमी खेत्तां मैं जारे थे. अर्थी कै कंधा देणिया भी कोय नीं था. हारकै नत्थू अपणी मां नैं गाड्डे मैं घालकै ले ग्या अर गांम तैं बाहर लिकड़कै एकले नैं ए फूंक दी. सांझ नैं गांम के आदमियां नैं पूच्छ्या अक तन्नैं यो के कर्‌या अक गांम के मुहाने पै रामप्यारी फूंक दी. बुढ़िया श्मशान घाट मैं क्यूं नीं फूंकी? नत्थू बोल्या– बात या है अक श्मशान मैं गांम के दो सौ माणस फूंक राखे थे, मेरी मां बिचारी किस–किस तैं पल्ला करती?

बाईस की बीड़ी

एक बर की बात है अक नत्थू ब्याह पाच्छै पहल्ली बर सुसराल गया तो सुसराल आल्यां नैं वो बैठक मैं बिठा दिया अर उसका छोटा साला उसतैं चा–पाणी की पूच्छण आग्या. नत्थू बोल्या– तैं जाकै 22 का बंडल लिया. जीज्जे की या बात छोटली साली सुणै थी. वा तो सीधी मां धोरै जाकै बोल्ली– मां! अपणा बटेऊ तो नास करणा है. 22–22 रूपियां की बीड़ी एक दिन मैं पी ज्यैगा तो मेरी बेब्बे तैं के खुवावैगा? नत्थू की सास्सू भी सोच मैं पड़गी. जद बटेऊ रोट्टी खाण आया तो उसकी सास्सू बोल्ली– बेट्टा! न्यूं क्यूंकर काम चलैगा? नत्थू हैरानी तैं बोल्या– के हो ग्या मां जी? सास्सू बोल्ली– न्यूं कहै अक तैं एक दिन मैं 22–22 की तो बीड़ी पी ज्यै है. नत्थू बोल्या– नां जी इसी बात नीं है. उसका साला बोल्या– हां मां! जीज्जे नैं 22 की तो मेरै तैं मंगावाई है. नत्थू कै बात समझ मैं आगी तो वो बोल्या– थम शुक्र करो 22 की पीऊं हूं, थारी इसीतिसी तो उस दिन होवैगी जद 501 आले दो बंडल पीऊंगा.

नत्थू की पढ़ाई

एक बर की बात है अक नत्थू कै बाब्बू नैं वो दिल्ली पढ़ण भेज दिया. उसके घरआले उसकी खूब मौज राखते. महीन्ने मैं दस किलो घी, गूंद के लाड्डू अर खर्चा–पाणी टैम पै भेज दिया करते. नत्थू नैं के पढ़णा था, उसनैं तो बारवीं ए घिसड़–घिसड़ कै करी थी. वो तो खावै अर मस्तावै. इस मारी वो आई बर फेल हो जाया करता. तीन साल होगे अर वो बीए के पहलड़े साल मैं ए पालथी मारे बैठ्या था. एक दिन उसके कालेज के एक छोरे नैं नत्थू के बाब्बू तैं शिकायत कर दी अक नत्थू तो कापी–किताब कै हाथ भी नीं लगाता अर सारी हाण कै तो चंदगी राम के अखाड़े मैं जावै है अर कै सिनमा हाल मैं बैठ्या रहवै है. नत्थू के बाब्बू का तो खून सूख ग्या. इतणे मैं ए डाकिया चिट्ठी लेकै आया जिसमैं लिख राख्या था– बाब्बू! भैंस ब्याह ली हो तो पांच किलो घी पहुंचा दिये अर पढ़ाई बढ़िया चाल री है, चिन्ता नां करिये. चिट्ठी पढ़कै तो नत्थू के बाब्बू नैं और भी छोह आ ग्या. उसनैं उसे टैम कागज–पैन ठाकै उल्टी चिट्ठी लिखी– बेट्टा नत्थू! भैंस तो नीं ब्याही पर आड़ै सारा कुणबा ब्याह लिया है. तूं न्यूं कर अक अपणे गूदड़े ठाकै पहली बस तैं आया रहिये जै तन्नैं म्हारा जाप्पा कढाणा है तो.

नाल तोड़ खेत्ती

एक बर की बात है अक सुरजे जाट कै पड़ौस मैं नत्थू तेली रह्या करता. दोनुआं के खेत भी अगल बगल मैं थे. पर तेली नैं खेती की एबीसी भी नीं बेरा थी अर हर साल उसकै घाट्टा होया करता. सुरजे कै तीन गाबरू छोरे थे अर तीन्नूं काम करण मैं एक दूसरे तैं बाद. सुरजा रोज रात नैं अपने छोरां नैं बताया करता अक किस टैम के करणा है. तेली रोज रात नैं सुरजे की दीवार कै लागकै उणकी बात सुण्या करता अर सवेरै पहल्ले अपणे छोरे ले जाकै वो ए काम कर दिया करता. सुरजा खेत मैं जाता तो कसूत्ता हैरान होता अक तेली का दिमाग क्यूंकर चाल्लण लाग ग्या. एक दिन सुरजा अपणे छोरां तैं बोल्या— रै छोरो! जो बात आप्पां रात नैं करां हां, उणका बेरा तेली नैं क्यूंकर चाल्लै है? थम इस बात का बेरा पाड़ो. छोरां नैं तो एक्के दिन मैं अपणे बाब्बू तैं बता दिया अक तेली रात नैं घर की भीत सै लागकै सारी बात सुणै है. सुरजे कै छोह आ ग्या अर उसनैं नत्थू का नाश करण की ठान ली. आगले दिन रात नैं सुरजा अपणे छोरां तैं बोल्या— काल गन्ने के खेत मैं नाल तोड़ कर द्यो. तेली अपणे छोरां तैं बोल्या— नाल तोड़ कर द्यो पर बेचारे नैं बेरा था नीं अक नाल तोड़ के होवै. उन्हांनैं जाकै खेत मैं एक—एक गन्ना तोड़ गेर्या. सारे गन्ने खेत मैं पसर से गए तो सुरजा बोल्या— सुण ले भाई, इब्बे तो तेरे गन्नां की नाल टूट्टी है अर देखिये काल तेरी कढ़ भी न्यूं ए टूट्टैगी, नकलची टट्टू.

नाक पर मक्खी

एक बर की बात है अक नत्थू की दाद्दी रामप्यारी धूप मैं खाट घाल्ले लेट री थी अर उसकी नाक पै एक माक्खी बार–बार आवै थी. वा माखी उसतैं कसूत्ता तंग करै थी. रामप्यारी उड़ा–उड़ा माखी कती कायल हो ली थी अर हारकै धोरै बैठे अपणे छोरे नत्थू तैं बोल्ली– रै बेट्टा! इस माक्खी नैं उड़ाइये. इतणा कहते ही वा माक्खी तो उड़गी अर उसके नाक पै एक दूसरी माक्खी और बैठगी. नत्थू बोल्या– दाद्दी! वा पहलड़ी तो उड़गी, बता दे या दूसरी उड़ाणी है अक नीं?

बहादुर बाब्बू

एक बर की बात है अक नत्थू अपणे बाब्बू तैं पूच्छण लाग्या– बाब्बू! तन्नैं शेर तैं डर लागै है के? बाब्बू जोश मैं आकै बोल्या– नां भाई शेर तैं तो मैं जमा ए नीं डरूं, जै मिल ग्या तो बगा कै मारूंगा. नत्थू बोल्या– तो बाब्बू तन्नैं हाथी तैं डर लागै है? बाब्बू अपणे कुर्ते की बाजू ऊपर चढ़ाकै बोल्या– ये देख मेरे डोले, हाथी हो अर चाहे शेर हो मैं तो किसे तैं भी नीं डरता. मन्नैं डाराणिया कोय सुसरा आज तांहीं पैदा ए नीं होया है. यो जवाब सुणकै नत्थू बोल्या– इसका मतलब तो बाब्बू यो होया अक तैं मां नैं छोड़कै क्यां ए तैं कोनीं डरै.

भर्ती की वजह

एक बर की बात है अक सुरजा अर नत्थू फौजी आपस मैं बतलावैं थे. नत्थू बोल्या– आं रै भाई! तैं न्यूं बता फौज मैं क्यां तांहीं भर्ती होया था? दूसरा बोल्या– बात या है अक मेरै घरआली तो है नीं अर मैं लड़ाई करणा चाहूं हूं. इब न्यूं सोच्ची अक सरहद पै जाकै ए लड़ ल्यूंगा अर न्यूं बता तैं क्यां तांहीं भर्ती होया था? नत्थू बोल्या– मैं तो लड़ाई तैं बचणा चाहूं हूं क्यूंक मेरी घरआली देस्सां की ऊत है.

सपनों की मुलाकातें

नत्थू– आज तो रात नैं मेरे सुपने मैं पड़ोसण आई थी.
रामप्यारी– एकली आई होगी.
नत्थू– तन्नैं क्यूंकर बेरा?
रामप्यारी– क्यूंक उसका घरआला मेरे सुपने मैं आया रहया था.

रेल की चाहत

एक बर की बात है अक नत्थू रेल महकमे मैं सिगनल मैन की नौकरी खात्तर इंटरव्यू देण ग्या. जद उसकी बारी आई तो कमेटी के मैंबरां नैं उसतैं पूच्छी–नत्थू! न्यूं बता जै तन्नैं सिगनल मैन की नौकरी दे देवां अर किसे दिन रेल की पटड़ी टूट्टी पड़ी हो जिस पै दो गाड्डी आमनैं–सामनैं आती हों अर सिगनल देण का तेरै धोरै कोय तरीका भी नां हो तो तूं के करैगा? नत्थू बोल्या– जी! मैं भाज कै मेरे छोटे भाई तैं जगा द्यूंगा. उसका यो जवाब सुणकै कमेटी आले हैरानी तैं बोल्ले अक तेरे भाई तैं जगाकै के करैगा? वो के इंजीनियर है? नत्थू बोल्या– नां जी, उसनैं बचपन तैं रेल भिड़ती देखण का भोत चाव है.

ब्याह बिगड़ण का डर

एक बर की बात है अक नत्थू का ब्याह होणा था तो उसके ढब्बी उसतैं बोल्ले– ब्याह तैं दस दिन पहल्ले जंगल–पाणी करणा छोड़ दिये. यो एक जरूरी शगुन है नीं तो ब्याह बिगड़ ज्यैगा. एक हफते तक तो नत्थू नैं सब किमें रोक्के राख्या अर फेर बाब्बू तैं जाकै बोल्या– बाब्बू न्यूं दीखै ब्याह तो बिगड़ैगा. उसके बाब्बू नैं भूंडी गाल देकै उसकै एक झाप्पड़ जड़ दिया अर बोल्या– इसी बात नीं कह्या करैं. नत्थू नैं सबर रखकै दो दिन और काढ दिये. खाणा–पीणा छोड़ दिया अर आंख होगी अंडे जैसी अर बाब्बू धोरै फेर जाकै बोल्या–मन्नैं दीखै ब्याह तो बिगड़ैगा. उसके बाब्बू नैं फेर धर्या कान पै एक अर चबूतरा सा बिठा दिया. इब आ ग्या ब्याह का दिन अर नत्थू कै मुश्किल हो री थी. सांस लेण मैं दिक्कत अर चाल्लै तो सीधा चाल्या नीं ज्यै. फेरां पै बैठ ग्या अर बैठते ही बोल्या– बाब्बू! ब्याह तो बिगड़ैगा. उसका बाब्बू बोल्या– सब काम ठीक–ठाक हो रह्या है, बावले ब्याह क्यां तैं बिगड़ैगा? किसी तरियां फेरे भी हो लिये. इब विदा का टैम आग्या. सारे जणे आशीर्वाद देण लाग रे थे तो नत्थू धीरे सी अपणे बाब्बू तैं बोल्या– बाब्बू! ब्याह तो बिगड़ैगा. उसका बाब्बू बोल्या– बेट्टा! सब किमें तो हो लिया इब किमें बिगड़ैंगा तो बिगड़ लेण दे. न्यूं सुणते ही नत्थू नैं तो उठै पाटड़े पै ए काट दिया रोग. उसका बाब्बू बोल्या– रै तरेड़! यो के कर्या? नत्थू बोल्या– मन्नैं पहले ही कही थी नां कै ब्याह तो बिगड़ैगा.

सवाल सौ टके का

सुरजा– आं रै तन्नैं बेरा है के आज के अखबार मैं लिख राखी है अक बीड़ी–सिग्रेट धीमे जहर हैं जिणतैं आदमी धीरे–धीरे मौत के मुंह मैं चल्या जा है.
नत्थू– तो मन्नैं मरण की कुण सी जल्दी है?

रामप्यारी का प्रेम पत्र

प्यारे नत्थू,

गांम मैं खेत अर खेत मैं ट्रैक्टर,
मेरा नत्थू इसा जणूं फिल्म का एक्टर.

आपतैं देखे दो दिन होगे. कित रहो सो? सोते–बैठते मन्नैं आपका ही चेहरा दीखै है. मन्नैं तो किताब मैं भी आप दिखो हो. फिलम मैं हीरो देखकै भी मन्नैं तो न्यूं लाग्गे जणूं आप ही हो. क्लास के छोरे भी आप बरगे दिखण लाग्गे. पर इब आप पहले वाले नत्थू नीं रहे. आपको क्या दुख है जो इतणी बीड़ी पीणी शुरु कर दी हैं.

न्यूं जी करै किसी ढाल एक मोबाइल का जुगाड़ हो ज्यै तो सारी रात थारे गैल बात करूं. पर बाब्बू नैं बेरा पाट ग्या तो वो धमड़ देगा. इस मारी इब्बे मोबाइल कैंसल, फेर देखांगे.

आजकाल जाड़्डा किमें घणा पड़ रह्या है. बिना ओढे घर तैं नां लिकड़्या करो, हवा लाग ज्यैगी अर नाक तैं पाणी बहवैगा अर फेर सुरड़–सुरड़ करते हांडणा पड़ैगा. आप कल पूरे 10 बजे अड्डे पै आ जाणा, मैं कल 10 आली तैं मामा कै जाऊंगी. इब मैं इस चिट्ठी नैं बंद करूं हूं. माफ करणा मेरी लिखाई इस सिक्के तैं ऐसी ही आती है.

आखिर मैं एक शेर लिख री हूं–

शीशी भरी गुलाब की पत्थर से तोड़ दूं
जै काल नीं आया तो मैं खाणा भी छोड़ दूं.

थारी, रामप्यारी

❑❑❑